開運巡禮！

東京 社寺

TEMPLES

SHRINES

KAIUN MEGURI

CATALOG

BEST SELECTION 108

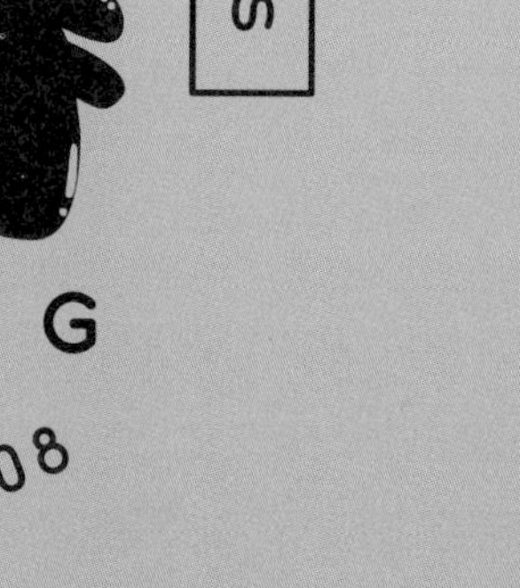

朝日新聞出版　編

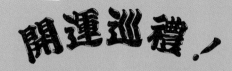

Content

※如何閱覽本書 004

CH1 向專家請教
參拜指南 005
事先了解，基本知識趣意加倍！

CH2 東京社寺從此開始
東京的大神社15選 017
先參拜這十五座神社就對了！

CH3 重返江戶時代
江戶神遊 062
化身為江戶百姓，感受德川家統治時代的歷史！

壹 江戶的庶民信仰 006
貳 如何觀賞佛像？ 008
參 神社參拜 010
肆 御朱印 012
伍 參拜禮儀 014

東京十社 018
東京五社 047

江戶時代的庶民信仰 064
與德川家關係深厚的社寺 094
近郊社寺 114

小小特輯
東京社寺之伴手禮
神籤 060
可愛的護身符♡ 092
獨特的護身符 122
宛如藝術的御朱印 148
每月更換的御朱印 208
授予品精選 242

CH4
值得走訪、巡遊
御朱印巡禮
巡繞社寺，收集御朱印，滿足小小的成就感♡
125

七福神巡禮 126
按區域朝聖 134
按路線朝聖 142

CH5
精采之處的賞析
社寺觀看點
佛像、建築、雕刻、喫茶……參拜之餘，樂趣無窮♪
151

佛像 152
雕刻 170
建築物 182
穹頂畫 192
喫茶 194

CH6
美麗多元的四季
賞花文化
四季分明，幸福無比！風情萬種的社寺花季♡
211

春 212
夏 222
秋 230
冬 236

卷末特輯
社寺體驗
245

精進料理 246
宿坊 247
坐禪 248
寫佛・寫經 249

COLUMN
參拜指南 016
限定御朱印帳 046
聖地神社 062
富士塚 124
大都會中的小神社 150
茶道和佛教 210
神佛習合 244

HOW TO USE
如何閱覽本書

❸ 圖示

- ♿ 無障礙空間設施（輪椅可通行）
- 可蓋御朱印
- 有咖啡館和茶館
- 可賞櫻
- 有紅（黃）葉樹

❶ 名稱

神社、寺院名稱

❷ 資料

從上而下依序為：行政區、電話、地址、參拜時間、費用、交通、公休日、停車位

- 本書將推薦的東京神社和寺院，分為東京十社、東京五社、與德川家關係深厚之社寺、社寺觀看點等主題來介紹。請參考目錄，並尋找感興趣的主題。
- 參拜時間，以開門時間～關門時間來表示。
- 設施如需付費，皆以全票價格標示。
- 公休日原則上僅標示GW、盂蘭盆會、年底年初以外的公休日。相關詳情，請洽各社寺。
- 本書內文中底色反黃／反白區塊為專有名詞，於P250～P253有注解說明。

※本書內容以2023年11月的採訪調查為基準。相關資訊會有更新的可能，請務必事先確認。

※刊載價格，原則上是根據採訪時的稅率，並經過計算之含稅價格。購買時，請留意金額。

※如因本書刊載的內容而受到損害等，本公司恕不予以補償。

CHAPTER 1

參拜指南

向專家請教

事先了解，基本知識
趣意加倍！

江戶的庶民信仰／瀧口正哉 006
如何觀賞佛像？／皿井舞 008
神社參拜／佐佐木優太 010
御朱印／MARIKO 012
參拜禮儀 014

壹、【江戶的庶民信仰】江戶→明治時期，社寺變動!?

◉即使是江戶時代，老百姓也喜愛前往能量景點朝聖！江戶平民老百姓的「○○參拜」。

導覽員
瀧口正哉
立教大學 文學部 特任副教授
早稻田大學教育學部社會科地理歷史專攻畢業。立正大學研究所文學研究科博士課程修畢退學。文學博士。現任東京都公文書館專員 千代田區教育委員會文化財調查指導員（學藝員）。

富士山信仰之聖地「多摩川淺間神社」（P.124）。

朝聖旅行是江戶時代的休閒潮流！

江戶時代，在都市謀生的町人和武士，幾乎全年無休地在工作，但只要有前往遠方寺院或神社參拜的重大名義，就能告假。

然而，旅行需要經費，於是「講」就這樣誕生了。這是一個由志同道合、信仰相同的人所組成的小團體，他們會一起討論生活中的小煩惱，然後共同解決，還會各自拿出一些錢，累積成一筆基金，並每年抽籤選出一個人代表大家去朝聖旅行。

其中特別熱門的，就是「富士講」。若是體力無法攀爬上富士山的人，就會到附近的寺院或神社境內，登上模仿富士山而營建的富士塚，或是者參拜以富士山為主神

「千駄谷富士塚」之鳩森八幡神社（P.136，詳情見 P.124）。全國各地仍可見富士塚。

※ 黃底標示，請參考 P250〔注 1〕

的淺間神社，試圖獲得與「朝聖富士山」相同的功德利益。

明治政府曾試圖將神道定為國教，卻徒勞無功

日本神社和寺廟常共存於同一腹地內，這是源於將神社和寺院統合的習慣，亦即所謂的「神佛習合」。最具代表性的例子之一，就是淺草寺。

其本堂旁邊和後面有許多小神社，還有以三社祭聞名的淺草神社。

然而，明治維新之後，日本政府推行了「神佛分離」政策，旨在將神道國教化，但最終宣告失敗。此一時期的關東神社勢力龐大，導致許多寺廟被合併，甚至還遷到神社深處。

（上）江戶時代流傳至今的鷲神社酉市（P.235），誕生於與隔壁長國寺的神佛混合時代。
（下）「神佛百貨公司」之稱的淺草寺（P.66）。

CHECK

神社和寺院，有何不同？

神社有「鳥居」，寺院有「山門」

鳥居在神社中所扮演的角色，是將現實世界與境內神聖區域劃分開來。山門則是寺院的入口（玄關），屋頂通常以磚瓦覆蓋。

寺院內香煙裊裊

佛教習慣點線香。一般認為，線香的香味和誦經一樣，具有供養的作用；而裊裊升起的煙，能將天上和現世連接起來。

「神宮」是神社，「院」是寺廟

神社中地位最高的是「大社」，與日本皇族因緣匪淺的是「神宮」；而奉祀皇族或歷史人物的神社，有時也會冠上「宮」這個名稱。至於寺院的正式名稱，基本上是「〇〇山〇〇院〇〇寺」。當中「院」和「寺」的地位相同，有時會簡稱「院」，有時則是「寺」。

※ 黃底標示，請參考 P250〔注 2・注 3〕

TOKYO
SHRINES
TEMPLES

參拜指南

貳、欣賞佛像，樂趣百倍♡

【如何觀賞佛像？】

◉透過姿勢與型態，掌握神明的功德利益。引導眾生的佛像

導覽員

學習院大學 文學部哲學科 教授

皿井舞

京都大學研究所文學研究科美學美術史學專攻修畢。文學博士。共著有《天皇的藝術史1 古代國家與佛教藝術》、《古代史開啟系列：國風文化》等。

駒込大觀音安置於光源寺（P.160）。

深大寺的釋迦如來像（P.156）。

觀察的重點，是裝束與手持物品的裝飾！

將引導信徒邁向正軌的佛祖，化為具體形象的物品，就是佛像。即使缺乏佛教或藝術等相關知識，只要掌握住要點，也能一眼辨識出眼前是哪尊神佛的佛像。

辨認時，要注意的是裝束。開悟且無欲的「如來」，穿著樸素，頭因沉思而隆起，髮絲盤旋而上。然而，有些「如來」卻和位於曼荼羅（以圖像形式表現宇宙及諸佛菩薩的世界觀）正中央的「大日如來」一樣頭戴冠冕。

「菩薩」（除了地藏菩薩以外）身上通常會佩戴飾品，外表也較為華麗。而「明王」之所以手持武器，是為了以憤怒引導人們走上正道。此外，有些神佛為了拯救更多世人，手部與面部會比較多。

佛祖也有位階？

「如來」是釋迦牟尼佛開悟之後的模樣，亦指已開悟之佛。「菩薩」是釋迦牟尼佛開悟之前的模樣，故指正在修行，或尚未完全開悟之佛。

佛像的功德利益！

站著？坐著？姿勢不同，意義也不同！

身在淨土的「如來」＆迎接世俗的「菩薩」

開悟類

「坐像」絕大多數是「如來」，親切的面容與穩重的氣質，令人倍感安心，也讓眾生相信佛祖，會在淨土等待我們的到來。

行動類

「立像」通常見於從淨土到現世迎接凡人的場景之中，並引導他們前往極樂世界。所代表的神佛位階為「菩薩」以下。手若握著手杖（錫杖），就代表祂們的行動力更加積極。

正福寺地藏堂的地藏菩薩（P.169）

超

行動派的**「地藏菩薩」**

地藏菩薩被認為是最為慈悲的神佛，會前往冥界救度墮入地獄的眾生。因此，許多因農作而無意間殺生的老百姓，經常向地藏菩薩祈求消除業障。

手的形狀也有特別含義！可以引導人們

佛像不會說話，但手勢（手印）卻能道盡一切！

＼ 打招呼 ／

「施無畏印」

手舉至胸前，現掌朝外。
〔含義〕眾生心安，無所畏懼。

＼ 願望成真！／

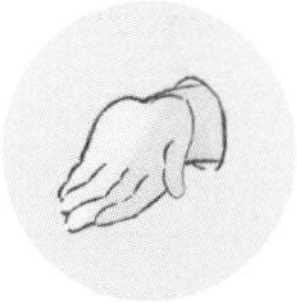

「與願印」

伸出左手，現掌朝外。
〔含義〕給予所需，滿足所願。

＼ 禪坐悟道 ／

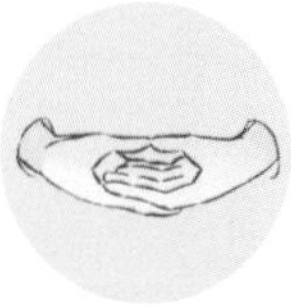

「法界定印」

雙手掌心向上，左手呈橢圓形疊在上方。
〔含義〕信順定心。

＼ 傳授佛法 ／

「說法印」

拇指與其他手指相捻，屈指成環狀。
〔含義〕佛說真相。

TOKYO
SHRINES
TEMPLES

參拜指南

【神社參拜】

參、神社是當地的社區活動中心！

◉神明是地區的活力之源！在神社整理思緒，讓日子更充實。

導覽員

學廣播主持人／神社專家

佐佐木優太

兵庫縣出生。神社參拜者，廣播節目主持人。26歲時，被一股「立刻前去伊勢神宮」的強烈感覺所驅使，自此之後便開始巡繞日本各地的神社，到目前為止已參拜過約2萬間。

攝影協助：多摩川淺間神社（P.124）

向人們宣揚寄宿在自然之中的神明

「神道」是日本獨有的信仰，起源於2萬年以前的日本。神道認為自然界的水、土、空氣，以及人類的肉體等，都蘊含著一股無形的力量，而這股力量被稱為「神」。

然而，神並沒有明確的形象，所以難以讓眾人對其懷抱相同的認知。

參拜就像心靈健身房

持續鍛鍊身體能讓肌肉逐漸變強壯。同理可證，只要每天「懷抱感謝」和「參拜祈禱」，周圍的一切也會朝好的方向慢慢改變。

古代人們為了感謝神靈賜予的恩惠，同時祈求後世也能繼續得到神靈庇佑，因而建立了神社以謀求共識。也就是說，神社代表人們對神明和先人的感激之情，並進一步祈禱將來的幸福。

無論是過去、現在還是未來，神社就像是一個社區活動中心，是眾生為彼此而建立的。由此可見，神社並非個人許願的場所，而是眾人共同參與的象徵。

換個說法，運氣提升！

在神明的面前，保持良好言行，好運就會隨行而來。

香油錢	神社	護身符
「付」⇒「添」	「去」⇒「入」	「買」⇒「求」
若以金錢表達感謝和奉獻之心意時，請不要使用「付」，要用「添」，金額則隨意。	神明寄宿於自然之中，一整片土地就是神明的家。既然如此，那就要請神明「讓我們入門」。	護身符、神符及御朱印，是請求神明「賜予」的物品，因此是「求護身符」，而非「買」。

只要遵守規則，就能擁有正軌生活，以及美好未來

在神明面前，保持整潔是非常重要的。所謂的整潔，不僅是外在的潔淨，還要遵守規則，保持一顆純潔的心。

自然界的季節雖然循環不斷，但其規則卻永恆不變。然而，人類的行為未必會遵守這些規則，因此我們在神社中保持的端莊行為，也應該要實踐於日常生活之中，這樣才能調整紊亂的運勢。

神社之所以能夠讓人心靈平靜，就是因為先人為神明建立的規則，得到了信眾的遵守。我們不能為了改變自身的運氣，而刻意向神明許願；而是要每天向神明「感謝」和「祈禱」，這才是最重要的。

一切關乎美不美麗

神道中沒有「不可為之」的觀念，但在神明面前一定要保持整潔及美麗。日本人相信保持乾淨的形象，能帶來尊重和療癒，這是他們追求潔淨優美的原因之一。

神社參拜禮儀

- **請勿走在參道正中央**
  參道的正中央是神明專用道，一般參拜者皆靠兩側走，穿越參道時要低頭。
- **賽錢的金額要剛好**
  概念和香油錢相同，基本上不找零。
- **只祈禱，不許願**
  首先感謝今天，並祈禱明天也是一個好日子。
- **秉持慎重拜訪的心態**
  做好基本裝扮和言行，切勿失態。

TOKYO
SHRINES
TEMPLES

參拜指南

肆、與神明結緣！【御朱印】

御朱印，是與神明結緣的開始。每次回顧時，焦慮不安的心情，總能立刻平靜下來。

導覽員

MARIKO

模特兒／神社檢定一級

出生於秋田縣。時尚和美容雜誌上相當活躍的模特兒。對神社和日本文化頗有興趣，並取得「神社檢定一級」資格。

與眾神明締結緣分的聯繫證明

許多人可能會認為「神社是一個向神明許願的地方」。然而事實上，在參拜神社時，更像是在與眾神「打招呼」，而非「許願」。

從前人們建造神社，是為了祭拜住在這片土地上的神明，並希望祂們能永遠鎮守於此，而這樣的心願世代相傳，一直傳承至今。因此，與神明締結的這段緣分，其實是先人的心意所牽線而成的。

此外，神社授予的「御朱印」，就是「締結緣分的證明」。只要能夠擁有御朱印帳，就會覺得自己與眾多神明保持了緊密的連繫，進而備受守護。

有些人相信，之所以能活出真實的自我，就是因為「與神明結緣，所以沒問題」而帶來的安心感。

近年來，有些神社的御朱印，也相當有特色。就讓我們先參拜神明，締結緣分之後再領受吧！

澀谷 冰川神社 P.134

祈求善結良緣♡

除了每月更換設計的御朱印，每月15日「結緣祈願祭」的結緣御朱印，也頗受好評。

MARIKO 的御朱印帳

第一本御朱印帳，是購於「榛名神社」。但最喜歡漫畫家萩尾望都所設計的（左），平常會連同盒子供奉在小型神龕裡。

下谷神社

精巧的剪紙圖案

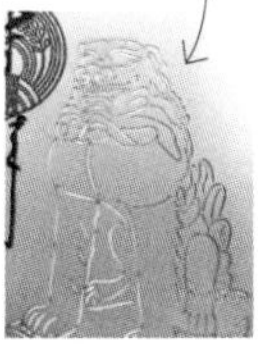

正月及5月大祭等特別期間，所限定授予的「剪紙御朱印」，與藝術品一樣美麗，也在SNS上引起熱門話題。

櫻神宮

豐富的花卉圖案♪

每月授予的御朱印，其設計皆不相同。每年3月固定是櫻花圖案，不少收藏家會衝著神宮的名聲，特地前來收集。

感受秋田鄉的大自然絕佳景點！

神殿與大自然融為一體的神社，受到許多參拜人士的敬仰，甚至許多國外遊客也趨之若鶩。當進入這樣的神社，敬畏之心會不禁油然而生「原來神明住在這片大自然裡啊！」

身處於充滿自然能量的神社裡，不僅要感謝四季如常循環，還要感恩神明令我們的心靈充滿平和與安寧。

秋田縣有許多能感受大自然的神社。右邊是森子大物忌神社，左邊是唐松神社。

TOKYO
SHRINES
TEMPLES
參拜指南

伍、社寺的參拜禮儀

【參拜禮儀】

◉只要記住基本原則，虔敬參拜就可以了。

深受神明與佛祖喜愛的參拜方法

儘管是前往神社和寺院，說穿了就是到神明和佛祖的家「拜訪」。因此，參拜時遵守適當的禮儀是必要的，相信神佛也會注視著前來參拜的人。

其實只要秉持著「去敬重的前輩家拜訪」的心態就好。偶爾出錯也無妨，按照一般常識參拜即可。

進入社寺境內前，最好先向神佛祖致意，接著就如同在家中洗手般先淨身，然後依照各社寺的禮儀行事，最後再次問候。

只要帶著敬畏之心，虔誠參拜，相信神佛一定會好好保佑我們。

\ 注意！這些舉動都NG /

與寵物同行參拜

有部分的社寺會允許攜帶寵物入內，但絕大多數是不行的，這一點要特別留意。為了避免給其他參拜者帶來困擾，飼主一定要妥善應對。

在境內邊走邊吃

社寺境內是一片聖域，千萬不要在指定地點以外的地方飲食。此外，參道上若有飲食店和紀念品店，也要遵守禮儀，先參拜神佛後再前往。

只受領御朱印

御朱印，最初是為了證明抄寫經文而普傳開來的。近年來，收集御朱印，往往會淪為一種集章活動。請千萬避免只受領而不參拜。

成為舉止優雅的大人之「參拜的流程」

寺院篇

1 在山門前合掌一禮，進入境內時勿踩在門檻上

2 在手水舍用清水潔淨雙手與口

※順序與神社篇相同

3 樂捐賽錢

※順序與神社篇相同

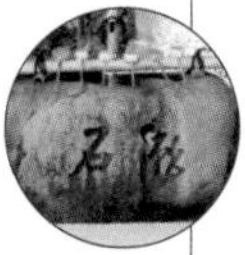

4 燒香或點香奉拜

〔燒香順序〕

① 右手的食指、中指和拇指捏一撮香
② 左手托著香，舉至額前致意
③ 將香放入香爐裡
※ 有些寺院和宗派會多次上香。若不清楚，1次就好

〔點香順序〕

① 用寺院提供的蠟燭點香
② 以手搧風，熄滅火焰
③ 將香供奉在香爐裡
※ 線香的火嚴禁吹熄

5 雙手合十，鞠躬1次祈願或謝禮

※注意，盡量不要拍手！

6 走出山門後轉身，朝向本堂，合掌鞠躬禮

※寺院和教派不同，步驟多少略有差異

神社篇

1 鞠躬後穿過鳥居，盡量不要走在參道正中央

2 在手水舍用清水潔淨雙手與口

① 先洗淨左手
② 再洗淨右手
③ 左手接下木杓的水，沾水漱口
④ 再次洗淨左手
⑤ 右手拿著木杓，立起之後用剩餘的水連同握柄洗淨右手
※以上步驟皆用同一瓢水進行
※為防感染症擴大，部分神社不放柄杓

3 前往拜殿，拉鈴後投入賽錢

※賽錢不可直接丟入，請輕輕地投進賽錢箱裡

4 鞠躬敬禮（二拜二拍手一拜）

① 抱持著虔誠的心，深深地低頭（90度）鞠躬2次
② 站正後慢慢拍手2次
※ 日文稱為「柏手」。拍手時，右手稍微錯開左手掌心是重點
③ 祈禱
④ 最後虔誠地（90度）鞠躬1次

5 敬禮致意後離去！

6 走出鳥居後，轉身朝向本殿，再次鞠躬

這個地方應該是……

寺院？神社？

神社和寺院最大的不同，在於入口。「鳥居」是神社的入口，而「山門」是寺院的入口。（詳情請見P.7）

／參拜後的樂趣＼

參道漫步

在商店林立的境內參道散步，也是參拜社寺的一大樂趣。

御朱印

御朱印要先參拜才受領，受領前，先打開到空白頁。

神籤

神籤能得到神佛的指引，無論內容為何，情緒切勿隨之起伏。

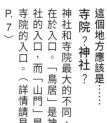

懂事的大人都這麼做！準備參拜

有了這些預備知識，朝聖參拜會更加順心。
攜帶物品及服裝的禮儀，在日常生活中也一樣受用。

攜帶物品CHECK

從必備品到實用的隨身物品，更不要忘記帶現金，尤其是零錢。

必需品

- ☐ 現金（尤其是零錢）
- ☐ 手帕、小毛巾
- ☐ 御朱印帳（有需要的人）
- ☐ 手機

實用隨身物品

- ☐ 小雨具
- ☐ 望遠鏡
- ☐ 水和茶
- ☐ 環保袋

服裝CHECK

社寺朝聖其實要走不少路，所以要盡量挑雙舒適好走的鞋，穿著的服裝也要得體，以示對神明及佛祖的尊敬。

- ☐ 不會過於暴露、舒適易動的服裝
- ☐ 能夠調節體溫的外套
- ☐ 包包的大小，盡量適合自由活動
- ☐ 下半身服裝，長度適中
- ☐ 易脫好走的鞋子
- ☐ 禁止赤腳

事先了解的參拜社寺Q&A

參拜寺廟的方法……不懂的事情就在這裡問清楚吧！

Ⓠ 賽錢到底要捐多少才對？

Ⓐ 與其重視金額，不如重視心意！

金額的大小都無所謂，重要的是「心意」。在願望實現時，千萬別忘記要還願。

Ⓠ 抽到的神籤，是否要留下呢？

Ⓐ 留在社寺境內或帶回家都可以。

神籤最重要的，是把內容應用到日常生活。若要留在社寺，就綁在指定的地方。

Ⓠ 在社寺境內，是否不可以拍照呢？

Ⓐ 每一間社寺的規定皆不同。

有些寺社規定，拜殿內及本殿前禁止攝影。基本上，自拍棒、三腳架及閃光燈都不可使用。

CHAPTER 2

東京社寺從此開始

東京的大神社15選

先參拜這十五座神社就對了！

東京十社 018
明治天皇親自選定，還環繞著皇居而建，旨在守護東京。

東京五社 047
20世紀以後才出現，東京最具代表性的神社。

繞著皇居轉一圈！

東京十社巡禮

在東京巡繞社寺時，首先要拜訪的是這十所神社。就讓我們來為大家解說，這些神社守護皇居的由來吧！

東京有哪些著名的社寺可以朝聖？
第一個要去的當然是「東京十社」囉！
跟我來！
東京十社是這些神社。
咻——
神田神社 P.20
赤坂 冰川神社 P.24
芝大神宮 P.28
永田町 日枝神社 P.32
龜戶天神社 P.36
富岡八幡宮 P.38
品川神社 P.40
根津神社 P.42
白山神社 P.44
王子神社 P.45
哇～
好多神社都聽過吔！
其實這些是明治天皇為守護東京而指定的神社。
東京十社是明治天皇親自選定的神社，旨在守護東京，祈求人民安寧。這些神社環繞著皇居而建。

原來東京十社能形成結界，保護皇居啊！
氷川神社
赤坂
(1)永田町
日枝神社
品川神社
芝大神宮
白山神社
王子神社
根津神社
(2)神田神社
富岡八幡宮
亀戸天神社
(1) 永田町「日枝神社」，人稱「江戶城鎮守」，是守護皇居西側的裏鬼門。
(2)「神田神社」的所在位置相當於皇居的鬼門，在江戶城擴城之際遷至現址。
※眾說紛紜
參拜的時候一定要按照順序嗎？
嗯……
完全不用！
現在可以自由朝聖，隨意參拜喔！還有限定版繪馬。我們去看看吧！
限定御朱印帳
(1200日圓)
限定迷你繪馬
(各300日圓)
好可愛喔—

 ※請參考 P250〔注 4〕

東京十社

一/十

神田神社（神田明神）

かんだじんじゃ

依舊守護著東京街道的江戶總鎮守

俗稱「神田明神」的神田神社，以年度祭典的「神田祭」（P.220）廣為人知，其守護範圍橫跨神田、秋葉原、日本橋、大手町、丸之內等，是東京都心的江戶總鎮守。

最初建立在大手町的將門塚附近。傳聞德川家康在關原之戰前，曾來此祭拜平將門[1]祈求勝利，而戰勝當天正好是神社的祭禮日。之後神田神社受到江戶幕府高度尊崇，於元和2年（1616）遷至現址，成為江戶城表鬼門[2]的守護神。

厲害之處 ☑ 江戶的總鎮守 ☑ 江戶三大祭

主持優雅的祭典！江戶人的守護神

神田神社的鳥居以銅為材質。前方是氣派豪華隨神門（照片上方），約2層樓高。

焦點 KEYWORD

1【平將門】

桓武天皇的子孫。因家族之間的爭端而叛變，自稱新皇，但最終遭遇不測而死。

2【江戶城表鬼門】

德川家在整頓城市時，非常注重風水。而神田神社正好位在江戶城的東北方，也就是所謂「表鬼門」的位置，具有阻擋邪氣侵入的作用。

神田神社

MI DO KO RO MAP

神田神社是一個祈求締結姻緣、生意興隆的能量景點。朱紅色的豪華社殿內部，以及高達2層樓的隨神門，都是值得一訪的亮點。

神社內的惠比壽、神尊像的設計，獨特精緻，宛如獨一無二的藝術品，深受人們喜愛。此外，還有錢形平次的石碑，可是廣為人知的小說角色。神社的燈火會持續到深夜，讓參拜者可以在如夢如幻般的氣氛中朝聖。

Ⓐ神殿

昭和9年（1934）竣工的神殿，採用鋼筋混凝土結構。特色在於，前後社殿合為一體的權現造建築樣式。

Ⓑ隨神門

以全檜木為材料，建築樣式為入母屋造（歇山頂）。建築物上雕刻著四神（朱雀・白虎・青龍・玄武）。

Ⓔ水神社

在日本橋尚有魚市之際，為祈求德川家武運興隆、漁獲豐收與安全而建立的神社。

Ⓓ大公孫樹

栽種於江戶時代的神木，曾經歷無數災難而倖存，故被認為具有消災解難、締結姻緣等神威。

Ⓒ末廣稲荷神社

以宇迦之御魂神為祭神，可祈求生意興隆。

※ 黃底標示，請參考 P250〔注 5・注 6・注 7〕

不能錯過!!!

Ⓘ 銭形平次の碑（錢形平次之碑）

錢形平次活躍之地！

小說《錢形平次捕物控》的舞台，就在神田明神附近，而這段緣分還促成「日本作家俱樂部」的成立。

Ⓗ 神田の家 井政（神田之家 井政）

保留昔日江戶風情的木材商店兼住宅

因江戶城的築城需求，神田明神的氏子總代遠藤家，從鎌倉的材木座遷移而來，負責守護神社。

隱藏推薦

感受歷史滋味的甜酒！

天野屋

自弘化 3 年（1846）創業以來，便一直在鳥居旁營業。他們將米麴放在地下約 6m 深的天然土室中發酵，熟成釀製的甘酒滋味美妙無比！

千代田区

TEL 03-3251-7911

千代田區外神田 2-18-15 ／ 10:00 ～ 17:00 ／週二（假日照常營業）／ P 無

Ⓕ えびす様尊像

（惠比壽神尊像）

越過浩瀚大海的惠比壽神，是尊形象嶄新、可愛無比的佛像。

Ⓖ だいこく様尊像

（大黑神尊像）

高6.6m，重約30t的佛像，以日本最大石像而自豪。

◆創建：天平2年（730），出雲氏族的真神田臣在千代田區大手町 將門塚周邊建立。於元和2年（1616）遷座至現址 ◆祭神：大己貴命、少彥名命、平將門命 ◆參拜所需時間：1個小時◆「神田祭」是「日本三大祭」、「江戶三大祭」之一

千代田區 TEL 03-3254-0753

千代田區外神田 2-16-2 ／境內自由參觀 ＊ 23:00 熄燈（昇殿參拜時間 9:00 ～ 16:00）／ JR 各線御茶之水站，步行 5 分鐘／無休／ 10 台（參拜者免費）

部分不可

將門塚

順路去看看!!

供奉著傳奇人物平將門首級的墳墓

據說平將門的首級，抱著怨念從平安京飛回故鄉東國時，掉落在這個地方。隨後因災禍連連，故時宗二祖真教上人，決定將平將門的靈魂供養在此處。

千代田區 千代田區大手町 1-2-1 ／ 24 小時／東京地下鐵各線的大手町站，步行可抵達／ P 無

東京十社 二／十

赤坂 冰川神社（ひかわじんじゃ）

保留原本風貌 由吉宗建立的神社

赤坂冰川神社是赤坂・六本木地區的氏神。一踏上神社的階梯，彷彿進入另一個世界，與繁華的都市大相逕庭。此處自然豐富的空間廣闊無比，彷彿時光也隨著悠閒流淌。

德川吉宗[1]所建造的社殿，至今仍保留著建造時的原貌，未受到地震和戰災的破壞。

神社境內不少物品刻有江戶年號，古都風情四處洋溢，代代相傳的社寶花鳥圖[2]等古物趣意盎然，是一個值得安排一段時間慢慢走訪的景點。

厲害之處 ☑ 江戶時代建立的社殿完美保留

※ 黃底標示，請參考 P250〔注 8〕

都市中的療癒之地♡
感受江戶風情的
最佳景點

日本畫家長華崖為紀念遷座200年而獻納的穹頂畫。

焦點 KEYWORD

1【德川吉宗】

赤坂冰川神社奉拜的是，吉宗出生之地，也就是紀州德川家中屋敷（位於江戶城周邊的宅邸之一）的產土神。當上將軍之後，吉宗便在現址建造了社殿。

2【花鳥圖】

昭和4年（1929）獻納給社殿的穹頂畫，蘊含著祈禱長壽及子孫繁榮等期望。

※ 黃底標示，請參考 P250〔注9〕

赤坂 冰川神社

MI DO KO RO MAP

首先要參觀的是，德川吉宗成為江戶幕府第八代將軍後，下令建造的社殿。

在那個生活節儉的時代，人們都非常關心這棟建築的風格與品質。此外，保留江戶年號的鳥居、狛犬及石燈籠也不容錯過。

不過，對於歷史愛好者來說，務必一訪的是「四合稻荷」。此名字的由來頗具深意，命名者是幕府末期的政治家勝海舟。「四合」的日文念法是「shiawase」，與「幸福」同音。

Ⓐ四合稻荷

明治31年（1898）合併奉祀的四座神社。而「合祀四社」的諧音，與「幸福」及「志同道合」的日文相同，故勝海舟特地將「四合」念做「shiawase」。

Ⓒ九神社

將原本分散在神社境內各處的天祖神社、春日神社、鹿島神社等9座神社，合併奉祀在一起。此外，還有從遠處敬拜每座神社的遙拜所。

Ⓑ鳥居

神社境內南邊與東邊的參道上，各有2座巨大的鳥居。「山口稻荷」的鳥居上，還刻有江戶時代的年號。

結緣參拜

隱藏推薦

「東京三大緣結」神社之一，無論是愛情、友情、家庭還是學業，都能祈求締結良緣。供奉的神明有夫妻黨素盞嗚尊和奇稻田姬命，以及古時建國的大己貴命。

桃花節結緣參拜（女性限定）
限定女性參加的神事。在舉行完「合貝儀式」，會授予內含心願且淨化奉製的「合貝護身符」。

乞巧結緣參拜（女性限定）
除了將「織女針線盒」獻給神明祈求裁縫技巧，還有惠賜男女良緣的神事，以及授予乞巧護身符。

櫻桃結緣
為了遇見命中注定之人而繫上紅線，只要將許願籤繫在境內的「願之樹」上即可。

象徵人與人之間的緣分與聯繫、帶有七寶紋樣的護身符。

祈禱能幸福長久，遇見心中的那個人。

◆創建：天曆5年（951），由天台宗的蓮林僧正於今日的赤坂4丁目附近建立。享保14年（1729）奉德川吉宗之令，在現址建造新的社殿◆祭神：素盞嗚尊、奇稻田姬命、大己貴命◆參拜所需時間：1.5個小時◆社殿多次倖免於難，保留了創建當時的風貌，是東京都的有形文化財（建築物）

港區 TEL 03-3583-1935
港區赤坂6-10-12／6:00～17:30（社務所開放時間 9:00～17:00）／境內自由參觀／東京地下鐵千代田線赤坂站，步行 8 分鐘／無休／ 40 台 部分不可

D 社殿
幕府推行的節約政策，讓社殿營造出樸實、簡單的氛圍，同時又融合了穩重的設計意匠。

E 石灯籠 （石燈籠）
神社境內共有7對石製的燈籠座。中門前的燈籠，是由負責遷座的老中水野忠之所獻納。

F 包丁塚
為了感謝使用過的舊菜刀，同時撫慰烹調為食的動物和魚的靈魂而立的塚。每年10月都會舉辦包丁塚祭，以示紀念。

G 狛犬
境內共有7對狛犬。中門兩側的狛犬，是東京都內神社現存最為古老的石狛犬。

※ 黃底標示，請參考 P250〔注 10〕

東京十社

三／十

芝（しば）大（だい）神（じん）宮（ぐう）

照耀著東京辦公街的太陽神「關東伊勢神宮」

厲害之處 ☑ 關東的伊勢神宮

創建於平安時代的神社。鎌倉時代，曾經受到源賴朝的尊崇，到了江戶時代則是受到幕府保護，故在關東一帶吸引不少信眾。

千年歷史的神宮 矗立於辦公大樓之間！

創建於平安時代、歷史悠久的古老神社，主祭神為天照皇大御神[1]，被尊崇為「關東伊勢神宮」。過去神社周圍廣植薑田，據說採收的生薑被供奉在神社裡。例祭的「慢悠祭」（P.234）別名「生薑祭」，是此神社的特色之一。

此地氣氛雖然平和悠閒，在江戶時代卻曾經發生過町火消的「目組[2]」與相撲力士槓上的大亂鬥，俗稱「目組喧嘩」（め組の喧嘩），是歌舞伎、講談和戲劇的常見題材。

日本浮世繪畫家歌川廣重，曾在錦繪中描繪的江戶名勝，至今仍受當地居民的虔誠信仰。

焦點 KEYWORD

1【天照皇大御神】日本皇室的祖先，尊奉於伊勢神宮的神祇。以「天岩戶神話」而聞名。

2【目組（め組）】始於德川第八代將軍吉宗時代的町火消（類似社區消防小隊），為「伊呂波四八組」（いろは四十八組）之一，主要負責隅田川西部地區。

※ 黃底標示，請參考 P250－P251〔注 11・注 12〕

芝大神宮

MI DO KO RO
MAP

歷經了無數地震及戰爭等災禍，而不斷重建的神宮，境內神社的神明與本殿合併奉祀之後，雖然規模縮小，但仍然魅力十足。

社殿的建築風格，以象徵伊勢信仰的神明造為中心。除了生薑塚，還有一個受人矚目的貯金塚。據說此處是樂透的發源地，因此相關從業人員時常會到此參拜。

此外，傍晚點亮的燈火，更增添了夢幻美麗的氛圍。

Ⓐ貯金塚

為了表彰不動貯金銀行（現為里索那銀行）的創始人，在關東大地震之後慷慨捐款，幫助東京重建而立的紀念碑，據說能帶來財運。

Ⓒ生姜塚（生薑塚）

神社創建之初，與生薑結下深厚因緣。人們相信供奉生薑於神前或食用，就能增強抵抗力。此黑色石碑上的金色文字，更顯得格外閃亮。

隱藏推薦

千木筥

一種三層重疊的吉祥物，上頭繪有紫藤圖案。通常是將檜木或杉木薄切成片後，彎成圓形做成容器，搖晃時會發出的聲音。在日語中，「千木」的發音與「千著」相似，象徵「衣物增加了」，故被視為能帶來良緣。

御朱印

除了一般的御朱印，還有9月的慢悠祭及東京十社巡禮的御朱印，選擇十分多樣。授予御朱印時，還會贈送生薑喉糖。

順路去看看!!

芝明神商店街

洋溢江戶風情的神社門前

都營地下鐵大門站附近，是一片繁榮的門前町。儘管現今商店不多，但在通往芝大神宮參道前，這條商店街彌漫著濃厚的昔日情懷，值得一訪。

※ 黃底標示，請參考 P251〔注 13〕

不能錯過!!!

め組の喧嘩（目組喧嘩）

大亂鬥的舞台所在！

文化2年（1805），想免費觀看相撲比賽的「目組（め組）」，與試圖制止的相撲力士發生風波，是至今人們仍津津樂道的故事。

Ⓑ鳥居

這座材質堅固的石鳥居，以簡潔的直線線條，模仿了伊勢神宮的神明鳥居。現存的鳥居，是平成時代所建造的。

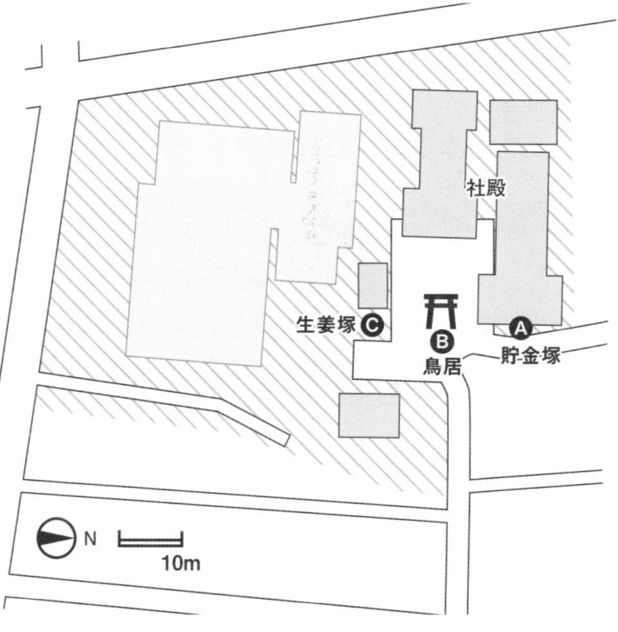

港區 TEL 03-3431-4802
港區芝大門1-12-7／9:00～17:00／境內自由參觀／都營地下鐵大江戶線，大門站步行1分鐘／無休／20台

◆創建：寬弘2年（1005）。當時稱為芝神明宮或飯倉神明宮◆祭神：天照皇大御神、豐受大神◆參拜所需時間：1個小時◆以締結姻緣、生意興隆為功德利益。江戶時代是富籤（即今日的彩券）的販賣地點，同時也是樂透的發祥地

東京十社 四／十

永田町 日枝神社（ひえじんじゃ）

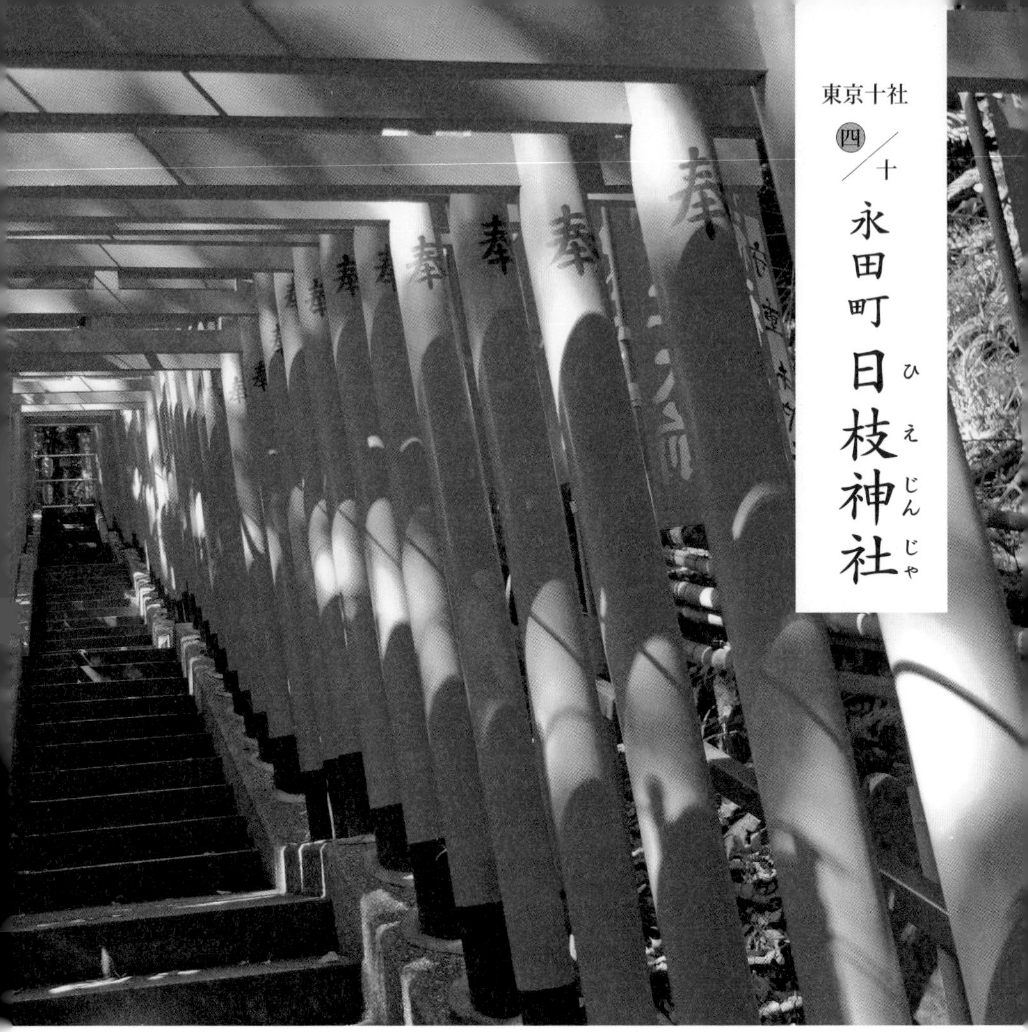

江戶開府以來，一直守護著德川家族的神社

暱稱「山王桑」的日枝神社，位於一座綠意盎然的小山丘上，與周邊建築形成鮮明對比。

這座神社最吸引人的是境內的神猿[1]，據說猿猴原本是主祭神大山咋神的使者。面向本殿時，左邊是母猿，右邊是公猿。參拜者為了討吉利，會輕輕撫摸雕像。

此處還是江戶城的鎮守神，也就是將軍家的產土神[2]，以「皇城之鎮」的身分守護皇居。

此外，名列江戶三大祭之一的例祭「山王祭」（P. 224），場面亦相當盛大。

厲害之處 ☑ 德川家的產土神 ☑ 江戶三大祭

守護德川家！想見「神猿」

前往本殿有多條參道路線，其中通往山王稻荷神社的稻荷參道以千本鳥居聞名。此外，山王門亦另附設手扶梯供參拜客使用。

◆創建：鎌倉時代江戶氏奉祀山王宮。到了文明10年（1478），武將太田道灌從川越勸請山王社的分靈至江戶城，並在城內奉祀日枝神社◆祭神：主祭神／大山咋神，相殿／國常立神、伊弉冉神、足仲彥尊◆參拜所需時間：1.5個小時◆除了國寶及重要文化財產，寶物殿還有德川將軍家的相關寶物

焦點KEYWORD

1【神猿】

日文念法是「まさる」，音同勝利的「勝る（まさる）」，以及妖魔離去的「魔が去る（まがさる）」。此外，許多人亦將「猿」這個字的音讀念法「えん」，與生意興隆及締結姻緣結合，進而向神明祈願。

2【產土神】

意指守護出生地的神明，類似華人的土地神。永田町日枝神社是德川家的產土神，也是家光出生時的初宮詣之地。

千代田區

TEL 03-3581-2471

千代田區永田町 2-10-5／6:00～17:00（授與所・朱印所 8:00～16:00、祈禱申請・寶物殿 9:00～16:00）／境內自由參觀／東京地下鐵千代田線赤坂站，步行3分鐘／無休（寶物殿 週二・週五休息）／20 台

部分不可

※ 黃底標示，請參考 P251〔注 14〕

永田町
日枝神社

MI DO KO RO MAP

位於日本政治中心永田町附近的日枝神社，雄偉堂皇，被譽為是強大的能量景點，因此深得許多政商名人的敬奉。

通往神社本殿的路線，有表參道的男坂，以及千本鳥居的稻荷參道。此外，從山王橋的西參道亦可搭乘電扶梯，選擇相當豐富。

那麼，想看神猿像的話，該從那條參道過去呢？

Ⓐ千本鳥居

位於稻荷参道上，緊接在末社的山王稲荷神社、八坂神社和猿田彥神社之後，是一個不可思議的異空間。

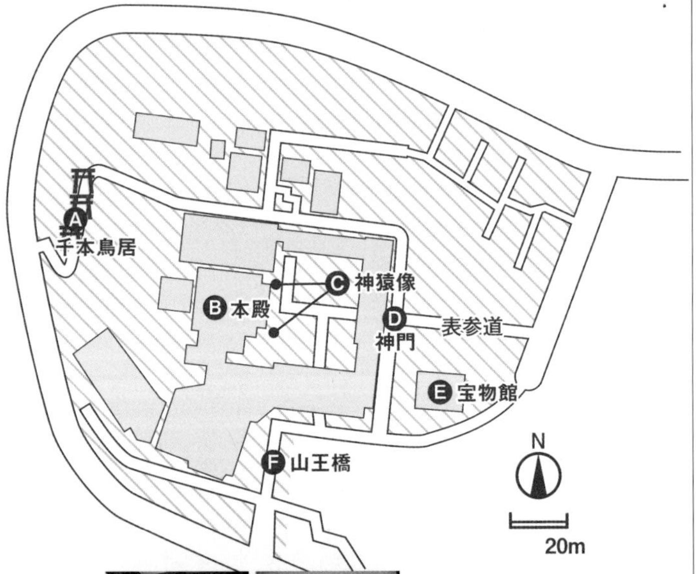

Ⓓ神門

神門正面有一對持弓守衛的隨從雕像，後方是身穿傳統服飾的神猿父母雕像。

※ 黃底標示，請參考 P251〔注 15〕

不能錯過!!!

山王鳥居

形狀獨特的三角形是山王信仰的象徵

山王鳥居是在明神鳥居上，加上三角形破風板而形成的。這種設計結合了佛教和神道的特色，並呈現出神佛習合（P.244）所代表的山王信仰。

社殿天井絵（社殿穹頂畫）

點綴上下拜殿天花板的裝飾

為了紀念社殿復興 50 年，特別裝飾的穹頂畫。共有 123 幅畫作，生動地描繪神社草創期，在武藏野這片土地上的百花草木和飛鳥昆蟲。

隱藏推薦

隨身帶著神猿走♪

神猿護身符

以神猿為造型的護身符，只要隨身攜帶，就能帶來愉快的心情和更強大的力量。（小的 600 日圓，大的 800 日圓。）

Ⓑ本殿

位於江戶城（現皇居）的裏鬼門，是守護東京的重要方位，通常可看到神的使者神猿的雕像，安置於左右。

Ⓔ宝物館（寶物館）

所展示的珍貴品，包括德川家康的朱印狀、描繪山王祭的錦繪等國寶，以及重要文化財。

Ⓒ神猿像

希望生意興隆、消災除厄的話，摸父猿（上）；祈求闔家平安、祈求得子的話，摸母猿（下）。

Ⓕ山王橋

設置在寬敞大階梯旁的手扶梯，為這座歷史悠久的神社，增添了獨特的高科技氛圍。

※ 白底標示，請參考 P251〔注 16〕

東京十社

五／十

龜戶天神社（かめいどてんじんしゃ）

將謊言化作幸福的天神
喜愛美麗的花卉！

無論何時來訪，
都能享受樂趣的學問之神

暱稱「龜戶天神」或「龜戶天滿宮」的龜戶天神社，主祭神為菅原道真，其地位之高與日本九州的太宰府天滿宮相呼應，故又稱為東宰府天滿宮。

境內早春梅花盛開，春天中期紫藤競相爭艷，秋季則有菊花盛放，是一座四季花香馥郁的天滿宮。此外，這裡也舉辦許多熱門的祭典。

仿照太宰府天滿宮而建的境內，就像是美麗的庭園。朱紅色的太鼓橋和人稱神牛的撫牛，使得整座神社充滿看點，是參拜者打卡的絕佳去處。

厲害之處 ☑ 花天神 ☑ 菅原道真

隱藏推薦

焦點祭典

換鷽神事　1月24日・25日

鷽的日文與「謊言」同音；鳥的日文發音類似「取代」。神社每年會更換木雕的鷽鳥，象徵將厄運當作謊言般褪去（鳥），轉化為吉祥之事期許迎來好運。

紫藤祭　4月中旬至下旬

神社境內栽種的紫藤超過50株，是東京屈指可數的紫藤景點。夕陽西下之後，藤架還會打上燈光，讓氣氛更加浪漫。

菊花祭　10月下旬～11月中旬

除了梅花，菊花也是主祭神菅原道真喜愛的花卉之一。在神社裡展示的菊花色彩繽紛，相當引人入勝。

太鼓橋

通往本殿的三座橋當中，第一座和最後一座皆為太鼓橋。此三座橋分別象徵過去、現在和未來，寓意著人生的旅程。

神牛

人們相信牛是天神的使者。只要懷抱期望，溫柔撫摸，就能治癒疾病，賜予智慧。

◆創建：寬文2年（1662），菅家後裔的菅原大鳥居信祐，仿照太宰府天滿宮而建造◆祭神：天滿大神、天菩日命◆參拜所需時間：1個小時◆別稱「東宰府天滿宮」或「龜戶宰府天滿宮」，與九州的太宰府天滿宮相呼應，亦為關東三大天神、江戶三大天神、東都七天神之一

江東區　TEL 03-3681-0010

江東區龜戶 3-6-1／境內自由參觀（本殿開門時間 6:00～17:00）／JR總武線龜戶站，步行15分鐘／無休／20台

部分不可

東京十社 六/十

富岡八幡宮（とみおかはちまんぐう）

熱愛祭典的江戶人
也喜愛江戶最大的八幡神

厲害之處 ☑ 深川的八幡神 ☑ 伊能忠敬

徹底融入當地，深受居民愛戴！

境內氛圍凜然的富岡八幡宮，在將軍家的庇護之下，成為了江戶最大的八幡宮，是百姓口中的「深川的八幡神」，備受尊崇。

以8月15日為中心的「深川八幡祭」（P.227），每年都熱絡不已。而三年舉行一次的潑水祭，更是氣勢十足，讓人體會到不分你我，共融共樂的氣氛。

這裡不僅是與當今大相撲關係密切的江戶勸進相撲發源地，就連地圖測繪家伊能忠敬在赴遠地測量時，亦會前來此處參拜，祈求平安。

橫綱力士碑

巨大石碑上刻著，第1代～第72代橫綱的四股名（亦即相撲力士的藝稱）。當新橫綱誕生，就會獻納上場儀式「土俵入（土俵入り）」。

◆創建：寬永4年（1627），在當時被稱為永代島的現址，因神示而創建◆祭神：應神天皇◆參拜所需時間：1個小時◆江戶最大的八幡神。每月1號、15號和28號的月次祭，門前仲町站周圍就會擠滿小攤販。此外，還有定期舉辦的跳蚤市場及古董市集

伊能忠敬銅像

江戶時代測量家伊能忠敬，銅像附近設置了GPS建立的國家基準點（位置測量設施）。

神輿庫

被稱為日本第一黃金神轎的「本社一之宮神輿」，嵌入轎身的金銀珠寶，奢華氣派。

江東區 TEL 03-3642-1315　部分不可

江東區富岡1丁目-20-3／境內自由參觀／東京地下鐵東西線門前仲町站，步行3分鐘／無休／40台

隱藏推薦

深川八幡祭

例大祭的潑水祭為「江戶三大祭」之一，是不容錯過的夏季風景詩。扛神轎者會被水激烈潑灑，非常地壯觀！（P.227）

限定的御朱印

正月及夏天，神社會推出限定的御朱印。每年設計都不一樣，想收集的人可要多跑幾趟才行。（初穗料500日圓）

七／十

品川神社（しながわじんじゃ）

源自平安時代的北品川守護神

雙龍鳥居堂堂佇立的品川神社，是一座歷史悠久、創建超過8百年的神社。不僅德川家康曾經在此祈禱戰勝，就連源賴朝亦在此神社前身「洲崎明神」，於參拜之後開始反擊，此處因而得到「如願以償」和「重生」等功德利益。

建於明治2年（1869）的富士塚，是留存在東京23區的「江戶七富士」之一，能登上供奉富士山熔岩的富士塚也不錯。

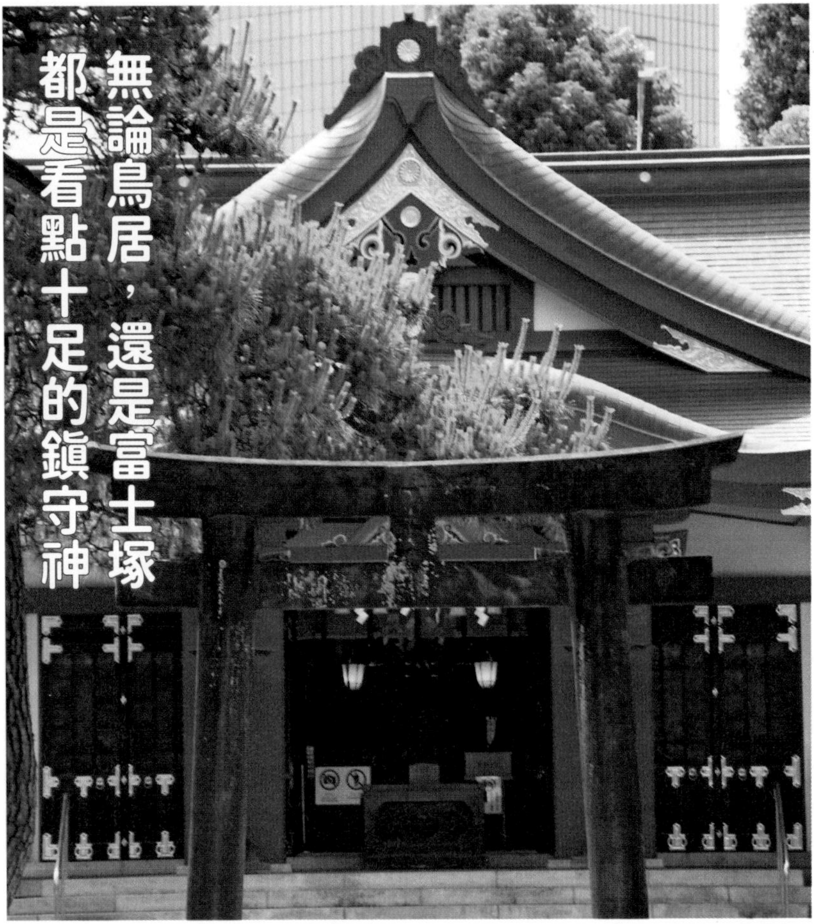

厲害之處 ☑雙龍鳥居 ☑富士塚

神聖氣息不停地竄流於上社和下社之間，特別是只要到「一粒萬倍日」，這個日本曆法中不管做任何事情都會帶來好結果的開運日，就會有許多期望提升財運的參拜者前來祈禱。

參拜阿那稻荷神社，祈求提升財運

阿那稻荷神社鎮座於，連綿不斷的朱紅色鳥居前方。先到上社參拜，受到上天祝福的靈魂之後，再到供奉大地恩澤及神水的下社。

據說「一粒萬倍神水」淨化過後的錢幣，若能在門前的商店街消費，就會帶來更好的錢運。

双龍鳥居

一之鳥居（即第一道鳥居）的左右，分別雕刻了昇龍和降龍。東京都內擁有雙龍鳥居的神社，共有三座，據說品川神社是最古老。

大黒天像

供奉東海七福神之一的大黑天。爬上樓梯之後，還能看到標示著「東海七福神巡禮發源地」的石碑。

不能錯過!!!

富士塚

功德利益
=
攀登富士山

東京都內最大的富士塚，高度約 15m。站在山頂上俯瞰的景色不僅優美，攻頂後的心情更是痛快！

◆創建：文治3年（1187），源賴朝在安房國的洲崎明神迎接女神「天比理乃咩命」，以祈求海上交通安全和如願以償為開端◆祭神：天比理乃咩命、宇賀之賣命、素盞嗚尊◆參拜所需時間：45分鐘◆創建於平安末期。戰國時代德川家康在關原之戰前，曾至此祈求勝利

品川區 TEL 03-3474-5575

品川區北品川 3-7-15／境內自由參觀（社務所 9:00～17:00）／京急本線新馬場站北口，步行 1 分鐘／無休／5 台

※ 黃底標示，請參考 P251〔注 17・注 18〕

根津神社（ねづじんじゃ）

杜鵑花叢美麗動人，歷史風華隨處瀰漫

被蓊鬱森林鎮守環繞的根津神社是杜鵑名勝（P.217），每逢花季就會化身為文京區「杜鵑祭」的會場，吸引不少民眾前來共襄盛舉。朱紅豔麗的千本鳥居與周圍的環境形成對比，令人看了讚歎不已。

德川綱吉採用權現造建築樣式，興建的本殿和樓門等七座建築至今仍屹立不搖。能就近觀賞國家重要文化財，是此處魅力之一。這座歷史大約1900年的神社，景色優美，處處都是值得留念拍照的景點。

重要文化財產齊聚一堂！
歷史悠久的絕美景點

厲害之處 ☑重要文化財產為數眾多 ☑千本鳥居

楼門（樓門）

江戶時代的神社當中，唯一保留至今日的樓門，是國家重要文化財。安置於右側的隨從雕像，據說是以水戶光圀（水戶黃門）為原型。

唐門

從唐門兩側延伸的透塀，圍繞著社殿。據說唐門的天花板上，曾繪有墨龍，但現已不復見。

不能錯過!!!

千本鳥居

風情飄逸的空間

通往乙女稻荷的參道，能夠俯瞰池塘的平台，採用舞台建築樣式。朱紅色鳥居層疊，充滿情感。

月次花御札（月次花御禮）

每月都想收集！

描繪時令花卉的木牌護身符，每個月更換圖案，裝飾於房間就能消災驅邪。

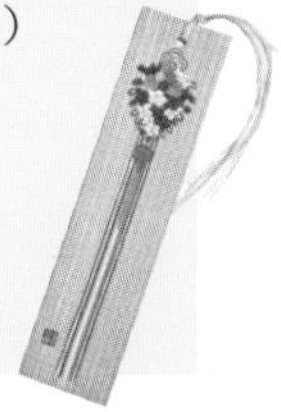

文京区 TEL 03-3822-0753

文京區根津 1-28-9／9:30～17:00（唐門開門時間每月皆不同 5:00～6:00）／東京地下鐵千代田線根津站，步行 5 分鐘／無休／P 有

部分不可

◆創建：約1900年前，為日本武尊於千駄木建立，後由太田道灌建造社殿，德川綱吉在現址奉建社殿◆祭神：主祭神／須佐之男命、大山咋命、譽田別命；相殿／大國主命、菅原道真◆參拜所需時間：1小時30分鐘◆寶永3年（1706）竣工、以權現造為建築樣式的本殿、幣殿、拜殿、唐門、西門、透塀、樓門皆保存完善，為國家重要文化財

東京十社 九／十

白山神社（はくさんじんじゃ）

充滿靈氣！切身感受千年歷史

靜靜佇立的千年古社，綻放的紫陽花如雲似錦

創建於天曆2年（948）的神社，以紫陽花聞名。每逢盛開季節，將近3千株的紫陽花，就會在這古老神社裡恣意綻放，讓此處成為「文京紫陽花祭」的會場。

神社的境內不僅有金眼狛犬鎮守，還有以櫻花聞名的八幡神社，及奉拜酒神的關東松尾神社。

◆創建：天曆2年（948），將加賀一宮白山神社的分靈，勸請至現在的本鄉1丁目。於元和2年（1616）遷至巢鴨原，明曆元年（1655）又移至現址◆祭神：菊理姬命、伊弉諾命、伊弉冊命◆參拜所需時間：30分鐘

文京區

TEL 03-3907-7808

文京區白山 5-31-26／境內自由參觀／都營地下鐵三田線白山站，步行2分鐘／無休／7台（3小時900日圓）

白旗桜（白旗櫻）

境內社八幡神社的神木，與源義家有淵源，現為其後代，而先代櫻樹為江戶三名櫻之一。

厲害之處 ☑ 天曆2年創建 ☑ 紫陽花

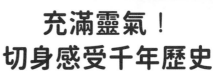

東京十社

⑩／十

王子神社

おうじじんじゃ

◆創建：不明。而於元亨2年（1322）復興◆祭神：伊邪那岐命、伊邪那美命、天照大御神、速玉之男命、事解之男命◆參拜所需時間：30分

北區

TEL 03-3811-6568
北區王子本町 1-1-12／境內自由參觀／各線的王子站，徒步 3 分鐘／無休／ 15 台

成爲地名由來的庶民遊樂之地

「育子大願」的聖地 春日局也到此祈禱

王子神社境內有棵大銀杏（P.231），讓神社的氣氛更加清新宜人。除了開運消災，還是春日局替年幼的竹千代（即德川家光）祈禱未來的神社，據說有「祈願子女成長」等功德利益。

神社境內還有一些與頭髮有關的珍奇神社。

毛塚

境內有座對毛髮感謝的毛塚，是日本相當罕見奉拜髮之祖神的「關神社」，吸引不少理髮及美容從業人員前來參拜。

厲害之處 ☑ 春日局曾來祈願 ☑ 期許子女成長

※ 黃底標示，請參考 P251〔注 19〕

只有東京車站才買得到！

既然要受領御朱印，御朱印帳當然也要好好挑選。
來看看各社寺及生活雜貨店的原創設計吧！

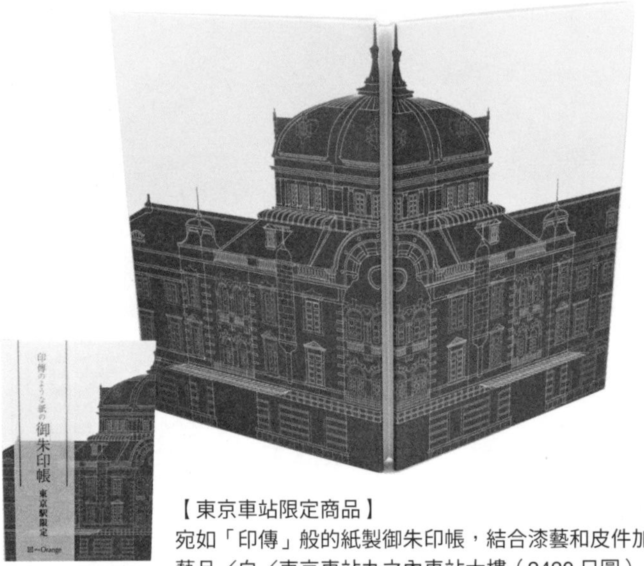

【東京車站限定商品】
宛如「印傳」般的紙製御朱印帳，結合漆藝和皮件加工的工藝品／白／東京車站丸之內車站大樓（2420日圓）

機會難得，必選限定版！

東京車站
丸之內車站大樓設計

到東京社寺參拜時，不妨帶一本充滿東京風格的御朱印帳。首要推薦的是，在JR東京站售票口可購得的東京站限定設計御朱印帳。印傳風格的封面上，描繪的是東京地標「東京車站的丸之內車站大樓」。

此外，還有都電荒川線（P.142）限定的御朱印帳可選擇。亦可順便挑選朱印帳綁帶（P.243），創造自我風格，享受社寺朝聖的樂趣。

TOKYO!!!（トーキョーみった）

千代田區 TEL 03-3822-0753

千代田區丸之內1-9-1 JR東日本 東京車站內1樓 GRANSTA東京（車站內）／8:00～22:00（週日、國定假日～21:00）／東京車站內／無休／P無

高格局的五大神社

東京五社巡禮

這裡也是代表東京的五座神社，若能與東京十社一起巡禮，那肯定是最強朝聖組合。

原來還有「東京五社」喔！
唔!?
這跟東京十社有什麼不同？

東京五社是20世紀以後才出現的喲！
喔～
東京五社雖然沒有特別的傳說，但都是東京最具代表性的神社。當中以武藏國總社的大國魂神社，其歷史最為悠久。

＼東京都內最強戀愛能量景點／

東京大神宮

P.58

＼祀奉英靈！／

靖國神社

P.56

＼新年參拜人數日本第一！／

明治神宮

P.48

＼武藏國的總社／

大國魂神社

P.52

＼舉辦江戶三大祭典／

永田町 日枝神社

P.32

打算一天朝聖的話……？

距離新宿約40分鐘車程的府中市大國魂神社，可以安排在行程的開始或結尾。這五座神社中，只有一座距離稍遠，因此大國魂神社在行程中，扮演著關鍵角色。

全都是香火鼎盛的神社喔！

東京五社

一／五

明治神宮（めいじじんぐう）

蔥鬱樹林環繞，代表日本的神社！

位於新宿與澀谷之間的明治神宮，奉祀的是明治天皇[1]與昭憲皇太后。境內有綠意盎然的明治神宮之杜[2]，腹地面積相當於15個東京巨蛋，光是散步於其中就能治癒心靈，讓人忘記身在喧囂的都市之中。

新年參拜人數為日本第一。除了皇太后喜愛的花菖蒲盛開的御苑，還有典藏重要文化財的寶物殿及博物館，值得駐足參觀的景點不勝枚舉。參拜之後，不妨在苑內稍做停留。

厲害之處 ☑ 都市中的綠洲 ☑ 主祭神是天皇和皇太后

超強大！都市中的綠洲
光是參拜，不夠過癮！

焦點KEYWORD

1【明治天皇】

明治45年（1912）年明治天皇駕崩，大正3年（1914）皇太后仙逝之後，神社便將兩位陛下奉為神靈祭拜。

2【明治神宮之杜】

「杜」在日文中意指「森林」。宛如古老森林的林地，其實為人造林，是用全國捐獻的數萬棵樹木（獻樹）種植而成的。

◆創建：大正9年（1920），明治天皇駕崩、昭憲皇太后仙逝之後，在國民熱切期望之下，於此創建神社◆祭神：第122代天皇的明治天皇與昭憲皇太后◆參拜所需時間：2.5個小時◆面積約70萬㎡的廣大樹林，是用全國各地的獻樹種植而成的人工林

澀谷區 TEL 03-3379-5511
澀谷區代代木神園町 1-1／日出～日落／境內自由參觀／JR 山手線原宿站，步行 1 分鐘／無休／50 台

部分不可

明治神宮

MI DO KO RO

MAP

境內腹地相當寬敞，約有72公頃。從各個入口到主殿的這段路中途不休息的話，約需步行10分鐘。若要走遍每個景點，建議預留2～3個小時慢慢欣賞。

只要在大自然中悠閒散步，定能得到無限活力。就讓我們隨心所欲，在明治神宮裡漫步吧！

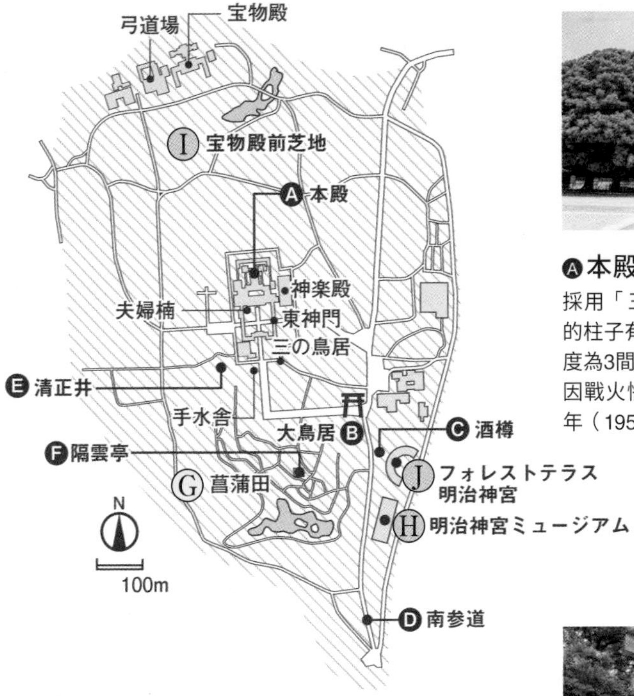

A 本殿

採用「三間社流造」，正面的柱子有4根，柱子之間的寬度為3間（相當於18尺）。曾因戰火慘遭焚毀，於昭和33年（1958）重建。

B 大鳥居

明治神宮創建當年建造的。高約12m，寬約17m，為木造明神鳥居，規模堪稱日本第一。

C 酒樽（酒桶）

從南参道方向走來時，右邊是清酒桶，左邊是葡萄酒桶。因明治天皇喜愛葡萄酒，故陳列於此。

D 南参道

離原宿車站最近的參道，道路寬敞，景點豐富。CAFÉ杜のテラス（P.194）也在這裡。

不能錯過!!!

菊と桐の紋章（菊花與桐花紋章）

從紋章感受日本傳統

象徵天皇家的菊花，及象徵日本國的桐花紋章，明治神宮各個角落隨處可見。

Ⓖ菖蒲田

為了深愛的人……

據說是明治天皇為昭憲皇太后而種植的菖蒲田。一到6月，就會綻放美麗的花朵。

隱藏推薦

天皇家和明治神宮的關係

Ⓗ明治神宮ミュージアム
（明治神宮博物館）

位於南參道的博物館。不僅可以看到寶物和藝術品，還能了解神宮的森林及建築的歷史。

TEL 03-3379-5875
10:00～16:30／入館1000日圓／週四（假日開館）

在神宮內野餐♪

Ⓘ宝物殿前芝地（寶物殿前的草地）

可以遠望寶物殿的遼闊草地。腹地內有塊大石頭名為「龜石」，是人人皆知的能量景點。

為了紀念參拜，務必一訪！

Ⓙフォレストテラス明治神宮
（FOREST TERRACE 森林大道）

用途相當廣泛的綜合設施，有咖啡廳、餐廳及禮品店。

TEL 03-3379-9222（代表）
9:00～18:00／無休

Ⓔ清正井

傳說為江戶時代的武將及大名，同時也是初代熊本藩主的加藤清正挖掘的井水。是東京都內著名的湧泉，水溫通年維持在15 °C左右。

Ⓕ隔雲亭

明治33年（1900），明治天皇為體弱的昭憲皇太后所建造的休息處。

東京五社

二／五

大國魂神社（おおくにたまじんじゃ）

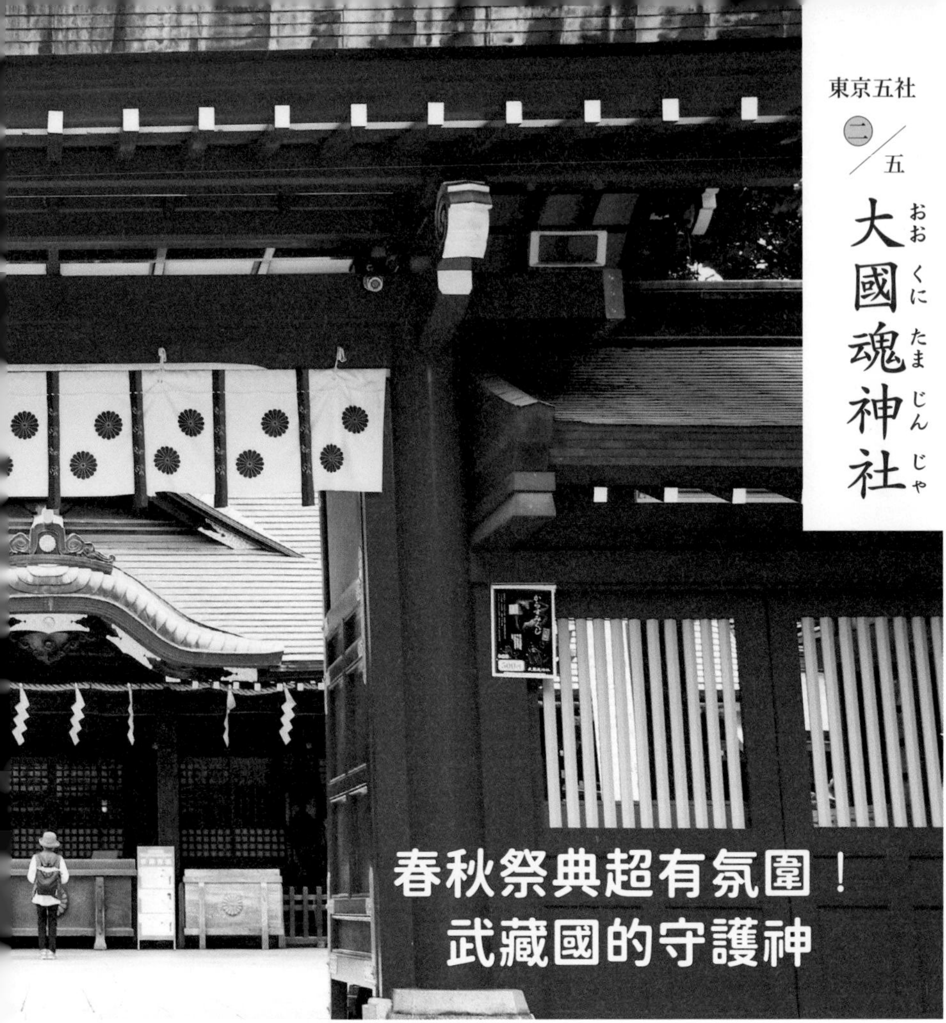

春秋祭典超有氛圍！武藏國的守護神

歷史超過1900年，守護武藏之國的總神

被稱為「武藏總社[1]六所宮」，並且創建於景行天皇41年（111）的大國魂神社，奉拜的是大國魂大神，與出雲大國的主神為同一神祇，以締結姻緣及驅除厄運而聞名。

神社境內有源賴朝[2]曾參拜的神社，也奉祀了多位神明。社殿為德川家綱所重建，現被指定為東京有形文化財。

參道沿途的櫸木大道，據說是平安時代的武將源賴義、源義家，所寄贈的苗木栽種而成，是國家天然紀念物。5月的暗闇祭（P.221）及11月的大鷲神社例祭，頗富盛名。

厲害之處 ☑武藏國的總社 ☑暗闇祭

焦點KEYWORD

1【武藏總社】

大化革新（645）之際，曾奉祀武藏國眾神，以及及日本六座知名神社的神明，故又稱為「武藏總社六所宮」。

2【源賴朝】

境內的宮乃咩神社，據說是源賴朝為了祈求妻子北條政子順產而營建，以奉拜演藝及安產之神而聞名。

◆創建：景行天皇41年（111）5月5日遵照神諭而建立◆祭神：大國魂大神及其他8位神祇◆參拜所需時間：1.5個小時◆起初為了奉祀武藏國魂之神。以春天的暗闇祭及秋天的酉市聞名

府中市 TEL 042-362-2130

府中市宮町 3-1／6:00～17:00（9月15日～3月31日 6:30～，御朱印 9:00～）／境內自由參觀／京王線府中站，步行5分鐘／無休／200台（需收費）

部分不可

大國魂神社

MI DO KO RO MAP

日本屈指可數悠久歷史的大國魂神社，有不少景點與源賴朝和德川家康等著名歷史人物，因緣匪淺。就讓我們一邊在境內朝聖，一邊感受昔日在此生活的人們之間的羈絆吧！

「武藏總社六所宮」誠如其名，境內供奉眾多神明，像是小野大神和小河大神等，讓人想一再參拜。此外，腹地廣闊的境內，還有許多引人入勝的景點。

不能錯過!!!

Ⓐ馬場大門欅並木
（馬場大門欅木大道）

從車站一直延續的參道

源賴義和義家這對父子在奧州征伐途中，曾至此祈求戰勝，凱旋時特地到此植下苗木。

Ⓑ住吉神社、大鷲神社

本社位於大阪市住吉區，奉拜的是勸請的分靈。不僅是海上的守護神，同時也是受人敬奉、除災招福的神祇。

Ⓒ随神門

高約8.5m、寬約25m；門扉高約4.5m、寬約4.7m。就木門而言，如此龐大的尺寸實屬罕見。

Ⓓ稲荷神社

在舊町內神戶備受敬奉的神社，又稱神戶稲荷神社。穿過大鳥居之後，就會出現在右手邊。

隱藏推薦

暗闇祭
在黑暗中緩緩前進的神轎

4月30日～5月6日

P.221

大國魂神社的春季例大祭。過往神轎遊行（神輿渡御）都在深夜舉行，故名「暗闇祭」。

大鷲神社例祭
「關東三大酉市」之一

11月的酉之日／6:30～22:00
境内免費

大鷲神社的秋季祭禮，稱為「酉之市」。用竹子做的竹耙子吉祥物「熊手」，能祈禱開運和生意興盛，相當受歡迎。

Ⓖ鼓楼
放置太鼓以便報時的建築物，於慶長年間（1596～1615）興建神社時建設而成。

Ⓕ拜殿
德川家康興建於慶長年間（1596～1615），而現今的拜殿，曾在明治及昭和期間改建翻修。

Ⓔ東照宮
元和4年（1618）第二代將軍德川秀忠，下令興建東照宮。

Ⓗ宮乃咩神社
源賴朝為了祈求北條政子安產而興建的神社。同時也是受人敬奉的演藝之神及安產之神。

隱藏推薦

戀愛運提升♪

貝守

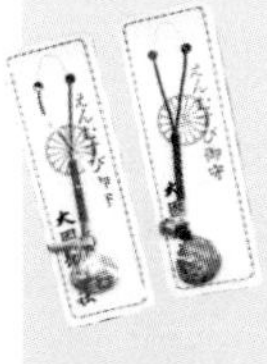

締結姻緣的護身符。可選擇喜歡的貝殼圖案。（各800日圓）

「全國總社會」製作

御朱印帳

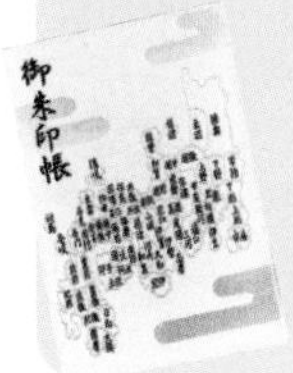

封面上有日本舊國名和地圖的御朱印帳。（初穗料1500日圓）

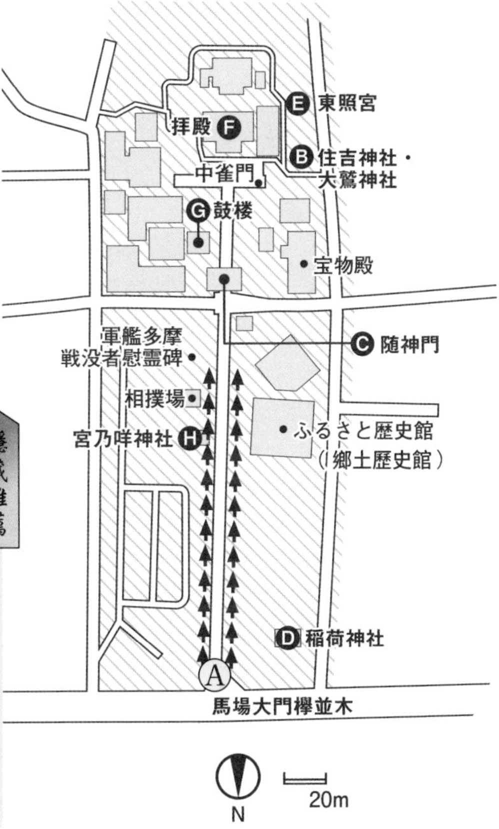

東京五社

三／五

靖國神社（やすくにじんじゃ）

祭祀陣亡將士的神社，環繞在美麗櫻花之下

喧囂的都市當中，突然出現一座大鳥居及肅穆的空間，這裡是以奉祀土佐藩武士坂本龍馬和長州藩武士吉田松陰等人而聞名的神社。

場內種植了約5百棵櫻花樹，是深受人們喜愛的賞花景點。東京管區氣象台在觀測東京櫻花開花狀況時，參考的「標本樹」也在此處。

每個季節限量授予的御朱印亦相當迷人，美濃和紙上繡了與季節有關的主題及社紋。參道上還有一家咖啡廳，可以欣賞以標誌為圖案的咖啡拉花藝術（P.202）。

厲害之處 ☑ 奉祀坂本龍馬和吉田松陰

春日櫻花爛漫 限定御朱印讓人心動

第二鳥居

日本最大的青銅鳥居，柱子為無痕接合加工處理。

拝殿

明治34年（1901）於昭和天皇誕生之年建造。與以直線為造型的本殿相比，呈現的曲線美顯得格外獨特。

戦没馬慰霊像 鳩魂塔・軍犬慰霊像

（戰亡馬慰靈像、鴿魂塔、軍犬慰靈像）

為了紀念在戰場上倒下的馬匹、狗和鴿子，所興建的慰靈像，位在拜殿右手邊。

大村益次郎銅像

陸軍之父大村益次郎，立於明治26年（1893），是日本第一座西式銅像。

隱藏推薦

東京的春天從這開始

櫻花標本樹

從昭和41年（1966）開始，擔任東京的標本樹。每逢觀測開花時，新聞記者就會紛湧而至。

每個季節都想收集

限定御朱印

在日本三大和紙之一的美濃和紙上，繡上櫻花、煙火、紅葉及梅花等季節主題和社紋。（初穗料 1000 日圓）

◆創建：明治2年（1869），奉明治天皇之命建立◆祭神：明治維新的先驅。包括不幸喪生的幕末志士，以及在甲午戰爭、日俄戰爭、第一次世界大戰、滿洲事變、八年抗戰和第二次世界大戰等對外事變和戰爭中，犧牲者之魂魄◆參拜所需時間：1個小時

千代田區 TEL 03-3261-8326

千代田區九段北3-1-1／6:00～18:00（11～2月 6:00～17:00）／境內自由參觀／東京地下鐵各線九段下站，步行5分鐘／無休／P有（需收費）

部分不可

東京五社 四／五

東京大神宮（とうきょうだいじんぐう）

聚集戀愛中的男女的「東京伊勢樣」

千代田區 TEL 03-3262-3566
千代田區富士見2-4-1／6:00～21:00（授與所8:00～19:00）／境內自由參觀／各線飯田橋站，步行5分鐘／無休／P無

部分不可

◆創建：明治13年（1880），建立於日比谷。昭和3年（1928）遷至現址◆祭神：天照皇大神、豊受大神、大地主大神等◆參拜所需時間：20分鐘◆因獻齋給伊勢神宮（內宮和外宮）眾祭神，故被稱為「東京的伊勢樣」

厲害之處 ☑ 東京的伊勢樣 ☑ 最強戀愛能量景點

飯富稲荷神社

創建之初便奉行宗教戒律，持齋吃素（奉齋）。除了衣食住與生意興隆之外，藝能領域亦深受民眾信仰。

拜殿

作為伊勢神宮的遙拜殿而建。顧名思義，儘管置身遠方亦可朝拜。

即便人在東京，仍能參拜伊勢神宮

以締結姻緣而聞名的東京大神宮，亦為創立「神前結婚儀式」的神社，吸引許多祈求良緣的參拜者前來朝聖。境內隨處可見名為「豬目」的心型傳統裝飾，據說只要發現這個圖案，月老就會在旁幫你一把。

東京大神宮的主祭神與伊勢神宮的內宮和外宮一樣，都是奉拜「天照皇大神」和「豐受大神」。之所以將其稱為「東京的伊勢樣」，是為了讓遠在東京的人也能參拜伊勢神宮的眾神。

隱藏推薦

神準靈驗！深受好評

戀愛籤

可愛和紙人偶造型的神籤，還記載成就戀愛的建言。
（各 200 日圓）

將願望寫在信紙裡

祈願文

將願望寫在紙上，打結之後封口，並供奉在神前即可。
（各 500 日圓）

東京五社 ⑤／五

永田町 日枝神社

→P.32

與東京十社不同等級的能量景點♡

工作運、戀愛運通通包辦！

俗稱「山王桑」，曾被奉為江戶城的鎮守神，現在是祈求生意興隆、締結姻緣而香火鼎盛的能量熱門景點。

O MI KU JI

神籤

只要一到社寺， 就會想要順便祈求神籤。
除了神明或佛祖的教誨，
可愛的造型也很重要！

可愛程度MAX！五種顏色都想收藏的五龍神

田無神社

→P.178

以方位四神中的龍為造型的神籤。做成陶器的龍裡頭藏有籤詩，可以選擇喜歡的顏色。（各500日圓）

圓滾精緻、可媲美吉祥物的人形埴輪

淺草神社

→P.78

以祭神土師真中知命為靈感，所設計的人偶素陶器。（500日圓）

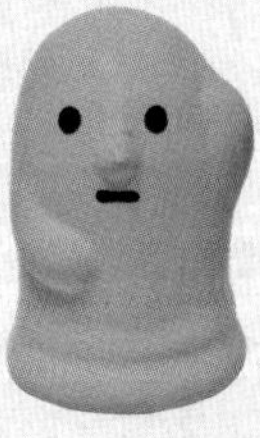

你的手掌大小！把狐神帶回家

笠間稻荷神社東京別社

→P.131

精心手繪的狐狸，各個表情都不一樣。你們喜歡的表情，說不定就是自己現在的命運喔！？（500日圓）

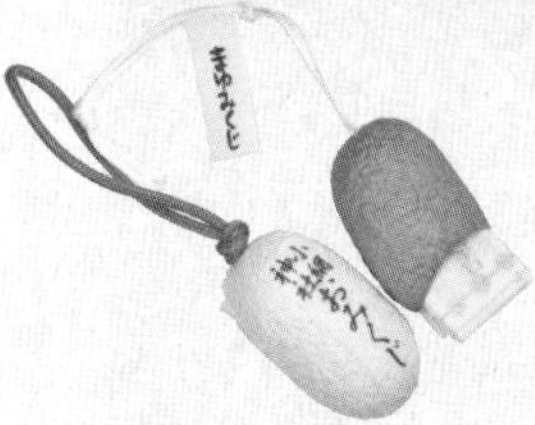

小網神社

→P.133

用一條絲線與神明相連！

繭殼是由一條蠶絲編織而成的，故被認為能與神明緊密連繫。（300 日圓）

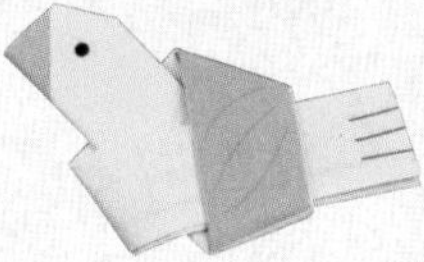

鳩森八幡神社

→P.136

和平的象徵！鴿子所帶來的建議是什麼？

摺起來會變成鴿子的神籤，可以帶回家當護身符，也可留在神社裡。（100 日圓）

招來好運的鳥兒鷽鳥神籤

湯島天滿（湯島天神）

→P.84

與天神關係密切的鳥兒「鷽鳥神籤」，據說可以帶來好運。（300 日圓）

東京大神宮

→P.58

東京都內屈指可數的緣結之神能預知未來的戀人!?

戀人形狀的愛情籤，透露了未來生命中那個人的血型、生肖和年齡差等訊息。（各 200 日圓）

我推的聖地不勝枚舉！

不少社寺經常在電視劇和動畫中登場。
這裡要特別介紹，格外受歡迎的三座神社。

❶

❷

❸

因為是在東京，所以類型豐富!? 我推的神社非去不可♡

前往動畫及漫畫故事舞台，或是曾經出現在電視劇中的社寺朝聖，是東京特有的樂趣之一。

例如，在動畫《美少女戰士》中登場的火野蕾依，其老家「火川神社」據說是參考赤坂冰川神社而繪製；而鳥居參考的是，麻布十番的麻布川神社。

除此之外，神田神社經常出現在江戶時代的浮世繪、連續劇和動畫等媒體中，且備受關注。最近與動畫「Love Live!」的合作更引起話題。因此，參觀藝人或知名人士經常參拜的社寺，也是一個不錯的選擇。

❶「美少女戰士」的火川神社境內是參考赤坂冰川神社而繪製的。❷與「Love Live！」等動畫合作的繪馬，可在神田神社找到。❸「Snow Man」粉絲必訪的愛宕神社。出道前成員經常到此參拜。

愛宕神社 →P.112

赤坂 冰川神社 →P.24

神田神社（神田明神） →P.20

CHAPTER 3

重返江戶時代

江戶神遊

化身為江戶百姓，
感受德川家統治時代的歷史！

江戶的庶民信仰 064
與德川家關係深厚的社寺 094
近郊社寺 114

江戶時代迎來風潮！

江戶的庶民信仰

江戶時代參拜神佛，是娛樂及出遊的藉口!?在這個時代一口氣流傳開來的庶民信仰，真相到底是什麼？

到了江戶時代，平民百姓會經常到社寺參拜喔！
之前不是嗎？
欸—
江戶以前
戰國之世
抓住！
別逃！
喝—
江戶時代
太平之世
哇—
哇—
世界和平了，老百姓就有餘裕出遊。
於此掀起了前所未有的旅遊熱潮。像是《東海道中膝栗毛》中的主角人物彌次與喜多就是。
江戶中期掀起了一陣旅遊熱潮。當中以伊勢神宮、大山、江之島的朝聖小旅行特別受歡迎。

※ 黃底標示，請參考 P251〔注 20〕

當時人們旅行的目的，是參觀各地的神社和寺院。
各種朝聖路線因而誕生
各個地區的百姓合力出資，成立「講」這種組織之後，進而形成依序至各地參拜的文化。（詳情請見P.6）
富士山參拜
成田參拜
伊勢神宮參拜
大山參拜
朝聖路線好多喔~!
武家也會在府宅裡建造神社，並開放讓百姓參拜。
什麼!?還可以進去？
啪!啪!啪!
好像很有趣吔！
江戶時代
到能量景點朝聖是為了
消除壓力
娛樂兼好奇
是嗎!?
有一半應該是爲了玩吧！

江戶的庶民信仰

淺草寺（せんそうじ）

淺草的觀音像

歷史超過千年的東國觀音靈場

推古天皇36年（628），漁夫的網中突然出現一尊聖觀世音菩薩像，這就是淺草寺的起源。山號是根據觀音菩薩的典故而命名為「金龍山[1]」，據說是東京都最古老的寺院。

天安元年（857）因慈覺大師圓仁來到此山而得以發展，鎌倉時代源賴朝曾前來祈願，之後亦得到足利尊氏和德川家康等有權者的庇護，直到第三代將軍德川家光於慶安年（1649）重建本堂。

江戶時代後期，不僅有許多平民百姓前來參拜，一般信

厲害之處 ☑ 大眾文化的推廣地

※ 黃底標示，請參考 P251〔注 21〕

江戶人的最愛

淺草的觀音像
能實現百姓的願望！

淺草寺在江戶時代中期建造了許多佛堂，一躍成為滿足庶民願望的寺院。不管是夏天最大的功德日「四萬六千日」，還是年底的「歲市」或「蓑市」，都吸引不少參拜者前來朝聖。（圖為歌川廣重之作《東都名所 淺草金龍山年之市群集》）

江戶文化的推廣地
將軍吉宗曾訪問的
「奧山」！

觀音堂西北方的「奧山」，是以陀螺表演的說唱藝術「曲獨樂」，以及傳統魔術「奇術」的文化推廣聖地。傳聞第八代將軍吉宗亦曾蒞臨此處。目前本堂西側有「新奧山」，並豎立一塊與藝能有關的石碑。

無論是武士還是平民都來朝聖

徒亦鼎力支持寺方。大正12年（1923）的關東大地震，雖然如奇蹟般逃過一劫，卻在昭和20年（1945）的東京大空襲慘遭戰火祝融，境內無一處能倖免。萬幸的是，奉拜的本尊逃過一劫。

即便今日，拜訪此處的人潮依舊與江戶時代一樣熙攘，足以稱為代表東京的觀光勝地。整個區域以仲見世商店街為中心，處處活力洋溢。

焦點KEYWORD

1【金龍山】

淺草寺的山號。相傳觀音菩薩現身於此，一夜之間突然出現近千株的松樹，三天後，身披金鱗的龍從天降臨。而「金龍山」這個山號，就是根據此典故來命名。

淺草寺

MI DO KO RO MAP

熱鬧的氣氛固然迷人，不過寺院境內還有不少珍貴的史蹟和文化財。

御水舍的天花板，掛著現代畫家東韶光的作品《墨繪龍》；手水缽上則供奉著出自雕刻家高村光雲之手的龍神像。

此外，影向堂附近有一座於元和4年（1618）建造的神橋，曾是東照宮的一部分，也是東京都內最古老的石橋。

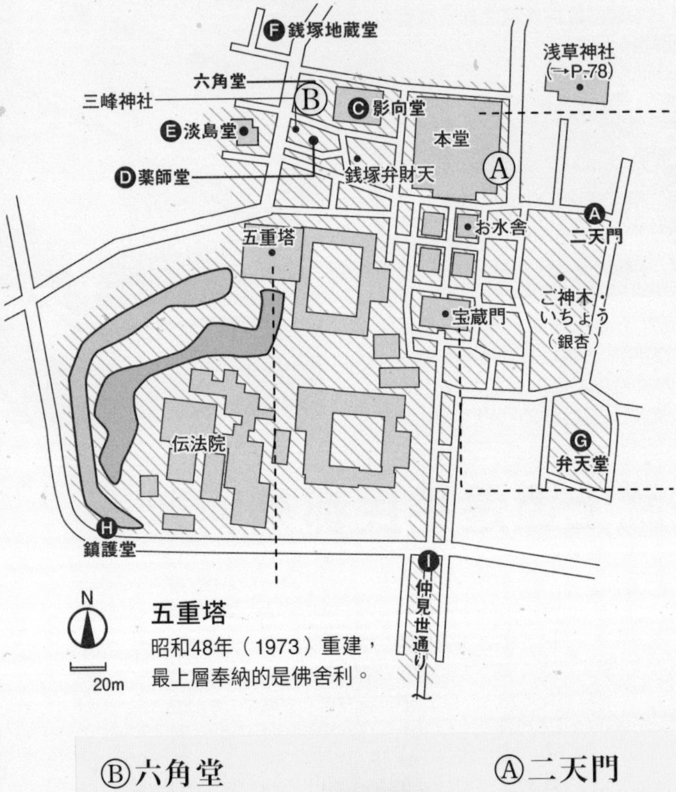

本堂

又稱「觀音堂」。屢屢因地震及火災損毀，大約已重建20次。現存的本堂是昭和33年（1958）建造的。

宝蔵門

位於仲見世商店街深處的樓門，原本稱為「仁王門」，門口掛著驅魔的大草鞋。

五重塔

昭和48年（1973）重建，最上層奉納的是佛舍利。

不能錯過!!!

Ⓑ六角堂

淺草寺最古老的江戶初期建築

傳說興建於元和4年（1618）。在呈水井狀的坑洞上方，建造了六角形建築。

Ⓐ二天門

隨著時代改變角色的大門

慶安2年（1649）左右建立。本為淺草寺東照宮的隨身門，於明治初期改稱二天門。

※ 黃底標示，請參考 P252〔注 22〕

隱藏推薦

凶籤佔三成!?

觀音百籤

傳說淺草寺的神籤大多為凶籤。江戶時代以來，「凶籤 30%」、「大吉 17%」比例從未改變。

Ⓘ仲見世通り（仲見世商店街）

自從江戶町人口增加，參拜者變多之後，寺院境內與街道上就開始出現小攤販，這就是仲見世商店街的起源。

◆創建：據傳聞於推古天皇36年（628），正在捕魚的檜前濱成及竹成這對兄弟的漁網，因多次撈到聖觀世音菩薩像，故將其供奉於寺院中◆本尊：聖觀世音菩薩◆參拜所需時間：1.5個小時

台東區　TEL 03-3842-0181

台東區淺草 2-3-1／境內自由參觀（本堂 6:00～17:00 ※10～3月 6:30～、授物所 9:00～17:00）／東京地下鐵銀座線淺草站，步行 5 分／無休／P 無

部分不可

有這樣的神佛！

Ⓒ影向堂

奉祀聖觀世音菩薩，左右兩側是對應天干地支的八位守護本尊（影向衆）。「影向」，意指神佛以形體顯現的方式。

Ⓓ薬師堂

第三代將軍家光於慶安2年（1649）重建，鄰近有座橋，故名「橋本業師堂」，其本尊是藥師如來坐像。

Ⓔ淡島堂

奉拜的淡島明神，江戶時代被視為女性的守護神，每年2月8日都會舉行「針供養會」。

Ⓕ銭塚地蔵堂

祭奉六地藏尊，祈求闔家平安，生意興隆。傳聞鑄造量最大的錢幣「寬永通寶」，就埋藏在此處。

Ⓖ弁天堂（辯天堂）

座落在境內小山丘上的佛堂，奉拜白髮的「老女辯才天」，掌管財運提升和技藝進步。

Ⓗ鎮護堂

明治16年（1883年）住持曾祭拜居住於此的狸貓，便是此佛堂的起源，相傳鎮火防盜相當靈驗。

以鎮護堂的狸貓為造型的可愛護身符・狸貓神。（1500日圓）

江戶的庶民信仰

總持寺（西新井大師）

拯救了江戶的女性！驅逐厄運的大師

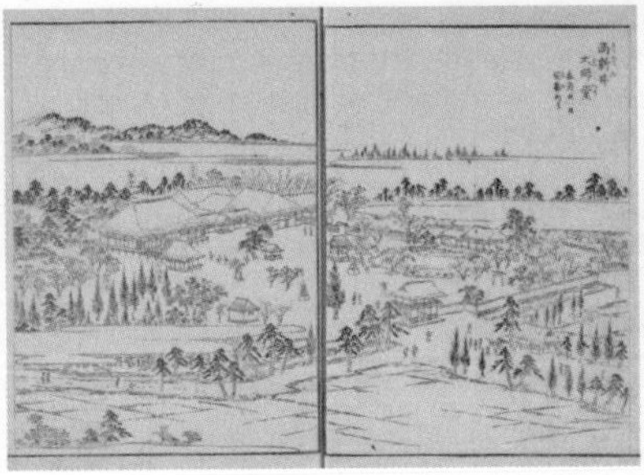

江戶人的最愛

弘法大師像的御開帳，吸引不少百姓前來觀拜

每個月21日的「緣日」，寺方會開放弘法大師像供信徒觀拜，稱為「御開帳」。各地信徒都會不辭千里，前來朝聖參拜。（左圖．長谷川雪旦之作《江戶名所圖會》／有朋堂文庫）

厲害之處 ☑ 關東厄除三大師之一

※ 黃底標示，請參考 P252〔注 23〕

不論何時何地都在祈求除厄！

天長3年（826），弘法大師在東國巡錫[1]時，為了在這遭受乾旱及疫病之苦的地方祈願而開創的寺院。奉拜的本尊為十一面觀音菩薩像，是由弘法大師[2]親自雕刻而成。

江戶時代此處以驅逐厄運的祈願所聞名，並且帶動周邊的繁榮，形成門前町。

厄除大師的歷史，至今仍舊是人們津津樂道的話題。每天都會舉行護摩祈願、車輛安全祈禱，及安撫流產胎兒的「水子供養」等儀式。無論何時前來朝聖，都能感受到寺方包容眾人、慈悲為懷的心。

各個季節盛開的美麗花朵，亦深受人們喜愛，樹齡約7百年的紫藤，每逢4月下旬就會恣意盛開。

焦點 KEYWORD

1【巡錫】僧人手持錫杖四處巡行，傳播教義。傳聞西新井大師（即總持寺）乃弘法大師在東國巡錫時，特地停留創建的。

2【弘法大師】平安時代初期的僧侶空海。曾經赴唐學習真言密教，學成歸國後，建立高野山金剛峯寺。日本各地皆有傳說。

為了祈求女性消災解厄、好運到來而建造的寺院

江戶時代為女性祈願、驅逐厄運的知名寺院。此外，實現女性各種願望十分靈驗的如意輪堂，亦供奉在境內。

迎接參拜者、氣派十足的樓門

江戶後期建造的樓門。左右皆有金剛力士像佇立，上層中央是供奉佛像的須彌壇。

總持寺

MI DO KO RO
MAP

平日就已吸引不少參拜者的境內和氣融融，就連當地居民亦樂在其中。除了參拜大本堂的虔誠信徒之外，還有祈禱交通安全的車輛。

總持寺亦以花聞名，尤以牡丹和紫藤備受關注。除此之外，還可觀賞到20多種的梅花（2月中旬）、河津櫻與寒緋櫻（3月上旬至中旬），以及八重枝垂櫻（4月中旬）等櫻花。

Ⓐ大本堂

江戶中期建立的本堂，昭和41（1966）年慘遭祝融，於昭和46（1971）重建。

不能錯過!!!

Ⓖ三匝堂

現存珍貴的三匝堂

三層樓結構的佛堂相當罕見，是東京都內唯一保留至今的建築風格，明治時期曾改建。

Ⓕ加持水の井戸（加持水之井）

「西新井」的地名由來

傳說弘法大師在此安置了十一面觀音立像，及自己的雕像，祈禱後泉水紛湧而出。

Ⓔ塩地蔵（鹽地藏）

祈求去除疣瘤相當靈驗的地藏菩薩。領受佛堂內的鹽之後，還願時須奉還兩倍的鹽。

隱藏推薦

一年一次的樂趣!?

北齋會

寺院典藏的《弘法大師修法圖》是葛飾北斎晚年的手繪畫作，描繪弘法大師降服鬼怪的場景。每年 10 月的第 1 個週六對外開放。

擁有治病功效？門前名物

艾草丸子

傳聞弘法大師曾給病人食用艾草，故後人將其做成艾草丸子，因而成為特產。

◆建立：天長3年（826），由弘法大師空海創立◆本尊：十一面觀世音菩薩、弘法大師◆參拜所需時間：1個小時

足立區 TEL 03-3890-2345

足立區西新井 1-15-1／6:00～20:00（大本堂 8:00～18:00、祈禱申請．御朱印所 9:00～16:30）／境內自由參觀／東武大師線大師前站，徒步 5 分／11 月的大掃除日／P 無

部分不可

Ⓑ四国八十八箇所 お砂踏み霊場

（四國八十八所　踏砂靈場）

石板底下鋪設了取自四國靈場及高野山的石頭，可同時獲得弘法大師和觀音菩薩保佑的禮拜所。

Ⓒ鐘楼堂

迎接新年時，敲擊的鐘聲響徹雲霄。對面紫藤架，是參拜者休憩之處。

Ⓓ牡丹園

文化．文政時期（1804～1830）建造的庭園。4月中旬的花季，將近百種的牡丹就會盡情綻放，競相爭豔。

盡情感受門前町的熱鬧氣氛

山門附近有一條長約100m的小商店街，會定期舉辦各項活動。

江戸的庶民信仰

瀧泉寺（目黑不動尊）

りゅうせんじ

交給面惡心善的不動明王

「獨鈷之瀑」象徵的能量景點！

創建於大同3年（808），日本三大不動之一。天台宗三祖慈覺大師圓仁，從故鄉下野國（今櫪木縣）前往比叡山時，途中曾在此地借宿一晚。當夜不動明王出現在夢境之中，故雕刻神像安置於此。

為了選擇建寺之地，因而投擲密教中的法器「獨鈷」，掉落之處泉水宛如瀑布。在盛行參拜不動靈場的江戶時代，就算連日乾旱，獨鈷之瀑依舊源源不絕。而且修行者在此處沐浴淨身（水垢離）的場景，亦曾出現在浮世繪大師歌川廣重

厲害之處 ☑ 日本三大不動之一

江戶人的最愛

富籤及竹筍飯，特產眾多！

文化 9 年（1812）在幕府許可之下，門前町開始販售富籤。此外，還有使用當地特產做成的竹筍飯，目黑飴也是知名美食。（圖・歌川廣重之作《江戶名所 目黑不動尊》）

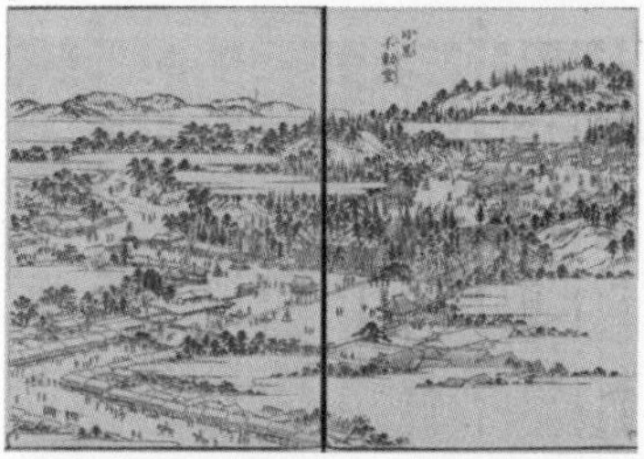

深得將軍支援的壯麗「目黑御殿」

第三代將軍家光曾到此鷹獵，並祈禱能尋回失蹤的愛鷹，之後便虔誠信奉，建造了53座堂塔，取名為「目黑御殿」。（圖・齋藤長秋之作《江戶名所圖會 7 卷》）

日本代表！

的畫作之中。

江戶時代因第三代將軍家光在鷹獵時曾在此停留，便加以敬奉，故列為五色不動[1]之一。江戶百姓在參拜華麗的殿宇之餘，還能享受抽富籤及購買名產等娛樂活動。此外，寺院境內也曾經挖掘到繩文時代中期的巫術工具。

焦點KEYWORD
1【五色不動】
以江戶城為中心，根據五行思想在5個方位（黑・白・紅・黃・藍），安置的6座不動尊王之總稱。每一尊皆相當靠近五街道，故被認為是為了守護江戶才建造的。而瀧泉寺是守護東海道（黑）的寺院。

※ 黃底標示，請參考 P252〔注 24〕

瀧泉寺

MI DO KO RO MAP

地處於稍陡斜坡的寺院境內，擁有不少歷史悠久的佛堂與回味無窮的史蹟。

穿過仁王門之後，先到獨鈷之瀑向不動明王祈願。爬上男坂並參拜大本堂之後，再去後方的大日如來坐像朝聖。從女坂下來，參拜神變大菩薩後，便可遊覽分佈在各個角落的佛堂。運氣若是不錯，說不定還能在瀧見茶屋吃到烤地瓜。

Ⓐ大本堂

奉拜的本尊，是所有災難和厄運皆能退治的不動明王。每12年1次的酉年，會盛大舉辦「御開帳」。

Ⓑ大日如来坐像

大本堂後方是不動明王的本體，也就是大日如來坐像，於天和3年（1683）建造。

Ⓒ仁王門

左右分別為開口那羅延金剛與閉口密迹金剛，樓上則是供奉佛祖與菩薩的護衛韋馱天（執金剛神之一）。

Ⓘ青木昆陽石碑

甘藷老師永眠的紀念碑

紀念努力推廣甘藷而聞名、人稱甘藷老師的青木昆陽之石碑。

Ⓗ前不動堂

保留江戶中期風貌的建築

東京都指定文化財。內部安置了以木雕成的不動明王三尊立像。

※ 黃底標示，請參考 P252〔注 25〕

隱藏推薦

七福神不倒翁

供奉在境內的惠比壽神，是元祖山手七福神巡禮（P.126）朝聖的神佛之一。各寺的七福神不倒翁（各500日圓）。

甘藷祭＆開運大吉烤地瓜

每年只要一到10月28日的「甘藷祭」，烤地瓜小販就會紛紛在此擺攤。除了祭典，仁王門前的茶屋也會不定期販售開運大吉的烤地瓜（500日圓）。

◆創建：大同3年（808），慈覺大師圓仁停留於目黑時，因夢見不動明王，故將其雕成佛像，而這就是該寺的起源◆本尊：不動明王◆參拜所需時間：1個小時

目黑區 TEL 03-3712-7549
目黑區下目黑3-20／境內自由參觀（本堂 6:30～16:30，御朱印9:00～17:00）／東急目黑線不動前站，步行15分鐘／無休／P無

Ⓓ水かけ不動明王

（潑水不動明王）

代替參拜者被水潑的不動明王。參拜前請先舀水潑灑。

Ⓔ勢至堂

江戶中期的重要建築。內部安置的是掌管智慧之光的勢至菩薩像。

Ⓕ弁天堂（三福神）

奉拜三福神，即惠比壽神、辯財天及大黑天。「山手七福神巡禮」其中一處。

Ⓖ比翼塚

追悼的是武士平井權八與自殺的遊女小紫，兩人淒美的愛情故事，甚至還改編成戲劇。

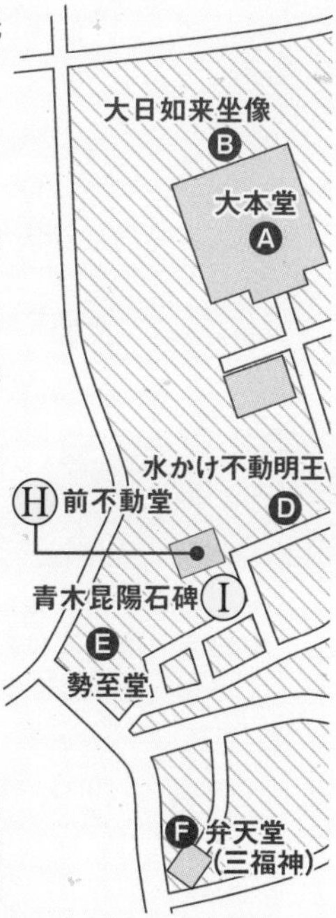

不能錯過!!!

Ⓙ神変大菩薩

修驗道開山祖師的銅像

寬政8年（1796）之作，展現的是修驗道開山祖師役行者踞坐的模樣，據說有增強腿腰的功德利益。

※ 白底標示，請參考 P252〔注 26〕

江戸的庶民信仰

淺草神社（あさくさじんじゃ）

家光寄贈的三社樣 與恩愛無比的狛犬♪

◆創建：不明（推測為平安時代末期～鎌倉時代初期以後）◆祭神：土師真中知命、檜前濱成命、檜前武成命◆參拜所需時間：20分鐘◆社殿乃慶安2年（1649）由幕府將軍家光寄贈

以奉祀建立淺草寺三人的權現社為起源

神社供奉的是，在淺草寺（P.66）緣起故事當中，拾獲聖觀世音菩薩像的檜前濱成和武成這對兄弟，及建議他們善加奉拜，日後出家的土師真中知。土師一族後代因受到夢境啟示，要將這三人奉為鄉土神，便創建了「三社權現社[1]」。

之後因明治元年（1868）頒佈的神佛分離令，因而改名為「三社明神社」，緊接著又於明治6年（1873）改為「淺草神社」，成為淺草的總鎮守。

「三社樣」之名，就是這麼來的。傳統祭典宮出[2]的最大

厲害之處 ☑ 江戶時代流傳下來的社殿

國家指定重要文化財的拜殿。

御神木的槐樹。據說當時檜前兄弟將本尊安置在樹根上。

不能錯過!!!

成就戀愛？相依相偎的狛犬夫妻

江戶時代初期製造的狛犬。安置的模樣宛如互相依偎的夫妻，據說有「善結良緣」、「成就戀愛」等功德利益。

江戶人的最愛

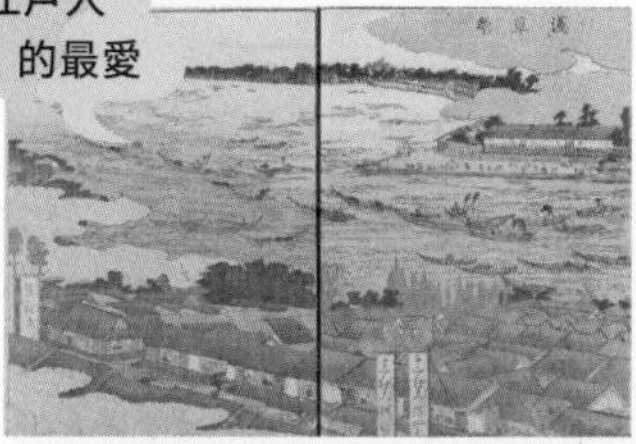

形式有別於現在的「淺草祭」！

「三社祭」的起源，是正和元年（1312）舉行的船祭，當時稱為「觀音祭」或「淺草祭」。（圖・葛飾北齋之作《畫本東都遊3卷》）

看頭「三社祭」（P.221）是江戶三大祭典之一。

焦點KEYWORD

1【權現】
神佛基於本地垂迹說，臨時以化身的型態出現；是明治之前的神佛習合（P.244）時代非常普遍的觀念。

2【宮出】
三社祭到了第3天，清晨會有3座宮神轎從神社境內出發，稱為「宮出」，是祭典最大看點。目前僅有信徒，也就是氏子當中的抬轎手能參加（P.221）。

台東區

TEL 03-3844-1575
台東區淺草2-3-1／境內自由參觀（授與所9:00～16:00）／東京地下鐵銀座線淺草站，步行7分鐘／無休／P無

部分不可

江戶的庶民信仰

住吉神社（すみよしじんじゃ）

家康從大阪住吉大社勸請的分靈是根源

德川家康曾經帶領33名來自攝津國西郡田蓑島（現今大阪市西淀川區佃）的漁夫，並且勸請住吉大社（現為田蓑神社）的住吉三神[1]分靈一同前往江戶。在潮間帶築起人工島之後，以漁夫的故鄉為名，將此地命名為佃島。

自此之後，住吉神社便鎮座於此，成為漁民、批發商等佃島居民的守護神。在高樓大廈旁的佃島，充滿了舊

◆創建：正保3年（1646）◆祭神：表筒之男命、中筒之男命、底筒之男命等◆參拜所需時間：20分鐘◆鳥居的匾額是罕見的陶製品，於明治15年（1882）奉納，由有栖川宮幟仁親王親筆題字

厲害之處 ☑ 挺過地震與戰火的強運神社

日的老街風情。

縱使曾經歷過了地震和戰亂，這個江戶末期的珍貴文化財，至今依舊完美如初。每4年1次的8月例祭，還可觀賞到八角神轎[2]的雄姿。

焦點 KEYWORD

1【住吉三神】伊邪那岐命遠赴黃泉之國，尋找因分娩不幸去世的妻子伊邪那美命的亡靈之際，於日向（今宮崎縣）淨身去穢時，所誕生的三位神明。

2【八角神轎】住吉神社的宮神轎為八角形，在關東地區相當罕見，據說是模仿天皇陛下的寶座「高御座」，每4年1一次會隨同獅子頭宮出。

昔日鎮座於河岸上的愛海人士

不能錯過!!!

刻在水盤舍上的漁民生活

明治2年（1869）建造的水盤舍，即用來淨手的「手水舍」，欄間上雕刻著漁夫和拾潮女性活躍的模樣。水盤於天保12年（1841）獻納。

以磚瓦砌成的舊神轎庫

明治43年（1910）建造的磚砌兩層樓、採英式建築的舊神轎庫，是保管祭禮用具的倉庫。

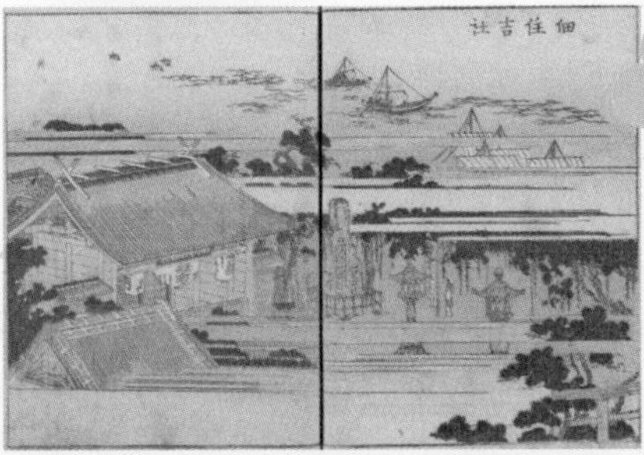

佃煮和柴魚都是！祈禱商業興隆

佃島有許多水產加工品批發商，是將小魚熬煮製成「佃煮」的發源地。為了祈求生意興隆，居民基於柴魚批發商的信仰，會在神社境內設置「鰹塚」。（圖．葛飾北齋之作《畫本東都遊 3卷》）

中央區 TEL 03-3531-3500
中央區佃 1-1-14／境內自由參觀（社務所 9:00～16:00）／東京地下鐵有樂町線月島站，步行5分鐘／無休／P無

江戸的庶民信仰

回向院（えこういん）

無名英雄也在此永眠的無緣寺

◆創建：為了追悼明曆3年（1657）正月18～正月20之間，發生在江戶的大規模火災（世稱「明曆大火」）中，不幸罹難的無主孤魂，因而舉辦盛大法會，並興建佛堂◆本尊：阿彌陀如來◆參拜所需時間：20分鐘

與江戶庶民並肩 悉心供養著所有人

回向院穩固地佇立在隅田川東側、兩國橋旁。

明曆3年（1657）為了供養約10萬名在「明曆大火」喪生的無緣佛，第四代將軍家綱下令設置「萬人塚」，並建造佛堂讓遵譽上人盛大舉行法會，這就是回向院的前身。

寺院雖曾遭到地震及戰火襲擊，但「無論有緣無緣，不管是人還是動物，眾生皆受佛祖庇佑」的理念從未改變。亦供養動物，如「貓塚」、「海獅供養塔」。

厲害之處 ☑ 日本屈指可數的無緣寺

江戶人的最愛

平民百姓紛湧而至的御開帳

朝聖者為了參拜觀世音菩薩和辯才天而前來此處；善光寺等著名寺院，也舉行秘佛御開帳。圖・齋藤幸雄之作《江戶名所圖會 第4（有朋堂文庫）》

動物也可供養呢！

繁榮興盛的江戶相撲重鎮

明和5年（1768）開始推行勸進相撲，以籌措寺院建造及修復費用，進而讓此處成為江戶相撲的中心地。「力塚」是在昭和11年（1936）建造的。

不能錯過!!!

祈求好運？鼠小僧之墓

江戶幕府晚期的盜賊鼠小僧次郎吉，天保3年（1832）遭到處決之後，葬於回向院。多年來未被逮捕的好運，讓前來參拜的人絡繹不絕。

明曆大火的供養塔。這場大火幾乎將江戶市街燒毀了六成。

對於無親無故的人真的很親切！

墨田區

TEL 03-3634-7776

墨田區兩國 2-8-10／境內自由參觀（寺務所 9:00～16:30）／JR 總武線兩國站，步行 3 分鐘／無休／P 無

部分不可

※ 黃底標示，請參考 P252〔注 27〕

江戶的庶民信仰

湯島天滿宮（湯島天神）

ゆしまてんまんぐう

迷路情況屢見不鮮！江戶的休閒勝地

湯島天神[1]悠久的歷史，據說可以追溯至雄略天皇2年（458）；不過，勸請菅原道真的分靈至此，則是在正平10年（1355）。其後，由武將太田道灌全面重建。

天正19年（1591），德川家康寄贈湯島的土地，並遵循菅原道真的遺風，祈求文教興盛。自此之後，許多學者和文人紛紛前來參拜這位「學問之神」。

另一方面，此處是深受百姓喜愛的休閒勝地。據說江戶時代寺院境內，因迷路的人層出不窮而熱絡不絕。

文京區 TEL 03-3836-0753

文京區湯島 3-30-1／境內自由參觀（社務所・授與所 9:00～16:00）／東京地下鐵千代田線湯島站，步行 2 分鐘／無休／P 無

部分不可

◆創建：雄略天皇2年（458）奉天皇之命創建，並於正平10年（1355）勸請菅原道真分靈，供奉參拜◆祭神：天之手力雄命、菅原道真◆參拜所需時間：40分鐘

厲害之處 ☑ 江戶知名聚會場所

家康也來祈願！天神樣的理想國

焦點KEYWORD

1【天神樣】

菅原道真死後，祂的憤怒化作雷電，故被尊崇為天神（雷神）。但祂也是優秀的學者，因而漸漸被奉為學問之神。

江戶人的最愛

歌川廣重亦曾描繪的江戶知名歡樂場所

文化9年（1812），幕府允許百姓販售富籤；文政7年（1824），開始舉辦大相撲比賽，也就是所謂的「本場所」。此外，這裡也是在神社境內舉辦臨時劇場「宮地芝居」的場所。（圖．歌川廣重之作《江都名所湯島天神社》）

不能錯過!!!

曾經大為活躍的「奇緣冰人石」

據說過去曾是交換迷路者資訊的石柱。寫上迷路者名字的紙，貼在右側；看到迷路者的人將特徵寫在紙上後，貼在左側。

迎接朝聖者十分罕見的銅鳥居

寬文7．8年（1667～1668）寄贈，是東京都內現存的古老銅鳥居。採神明鳥居樣式，橫木為雙層，柱子朝內傾。

2月上旬～3月上旬，約有300棵梅花恣意綻放，因此寺方順勢舉辦「梅花祭」。

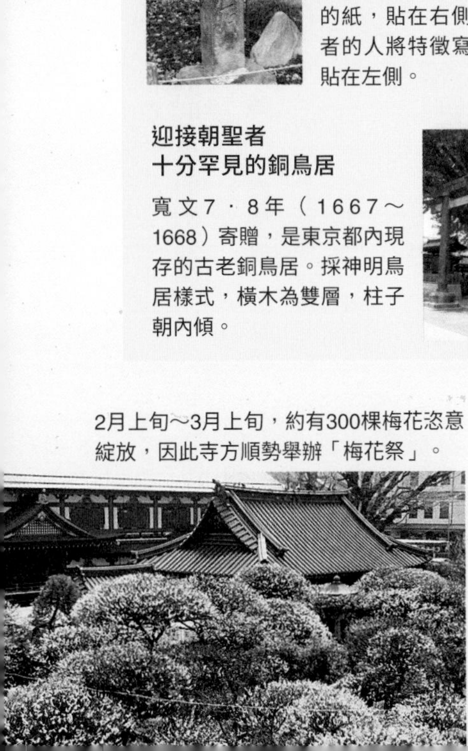

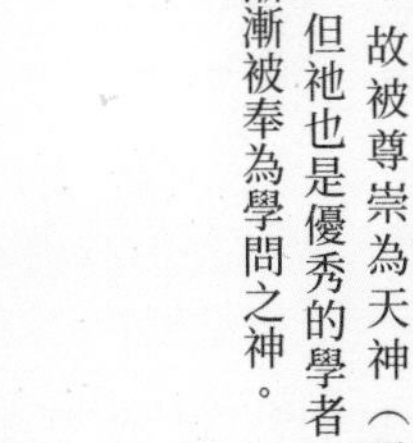

江戶的庶民信仰

王子（おうじ）稻荷（いなり）神社（じんじゃ）

德川感MAX的鮮豔度！昔日的關東稻荷總司

◆創建：不明。傳聞康平年間（1058～1065年）源賴義曾賜與「關東稻荷總司」之稱號◆祭神：宇迦之御魂神、宇氣母智之神、和久產巢日神◆參拜所需時間：30分鐘

遠方的朝聖者也會聚集於此的關東前稻荷總司

原本名為「岸稻荷」的神社，平安時代受源賴義尊崇為「關東稻荷總司」，且相關紀錄依舊保留至今。

元亨2年（1322），領主豐島家將熊野神社分靈，勸請至王子神社奉拜。由於地名改為「王子」，故岸稻荷也隨之更名為「王子稻荷神社」。江戶時代成為德川家的祈願所，歷代將軍亦寄贈土地，建造社殿。

稻荷信仰[1]的興盛，也讓「王子之狐」名聲遠播。只要一到2月的初午[2]之日，就會祈求五穀豐盛，生意興隆。

焦點KEYWORD

1【稻荷信仰】稻荷神在日本神話中乃穀物、食物之神的總稱。身為稻荷神的宇迦之御魂大神，亦為農耕神，但也有商運亨通、消除火災的神聖功德。故開始得到江戶百姓的信仰。

2【初午】供奉稻荷神的京都伏見稻荷大社，是在距今約1300年前的2月初午之日創建，因此日本的稻荷神社每到2月的第1個初午日（即農曆2月的第1個午〔馬〕日）就會舉行「初午祭」，以迎接稻荷神的降臨。而王子稻荷神社自江戶時代中期開始，便會在初午這一天授予「火伏守護風箏護身符」。

厲害之處 ☑ 歌川廣重筆下的稻荷神

北區 TEL 03-3907-3032
北區岸町 1-12-26／境內自由參觀（社務所 9:00～16:00）／JR 京濱東北線王子站，步行 5 分鐘／無休／P 無

江戶人的最愛

江戶人人皆知的「王子之狐」

寬永年間（1624～1644）「提到王子就想到狐狸」是常識。因此「王子之狐」不僅是傳統表演藝術「落語」的主題，歌川廣重的畫作《名所江戶百景　王子裝束衣之木大晦日狐火》還被印製在繪馬上。

隱藏推薦

除夕夜風景詩

「狐之行列」

在除夕夜集合的狐狸精心打扮，重現參拜王子稻荷神社的傳說。喬裝成狐狸的提燈行列，會從裝束稻荷神社，遊行走到王子稻荷神社。

不能錯過!!!

神使居住的「穴神」

傳聞神社境內，有許多狐狸定居。本殿後方斜坡上奉拜的狐穴，據說就是狐狸的巢穴。

每年2月的初午日，授予的「防火風箏」。（初穗料1800日圓）

正門。位在神社境內的幼稚園前方。

關東狐狸聚集之處，與裝束榎關係密切的神社

過去狐狸參拜之前所會合的朴樹「裝束榎」，在昭和 4 年（1929）被砍伐。現在看到的是用分枝栽種，此外還有一塊裝束稻荷之碑。

◆創建：不明。地區居民崇拜朴樹的信仰為神社起源，之後以此建造神社
◆「狐狸隊伍」的出發點

順路去看看!!

裝束稻荷

北區
北區王子 2-30-13／境內自由參觀／東京地下鐵南北線王子站，步行 2 分鐘／P 無

江戶的庶民信仰

妻(つま)戀(こい)神(じん)社(じゃ)

家康寄贈的神社用地！愛情與夢想的能量景點

◆創建：4世紀左右，奉嵯峨天皇的之命列為關東總社，並賜予正一位的稱號，人稱關東總司妻戀大明神◆祭神：日本武尊命、倉稻魂命、弟橘媛命◆參拜所需時間：10分鐘

文京區

TEL 03-5577-5240

文京區湯島 3-2-6／境內自由參觀（社務所 11:00～15:00〔六・日〕）／JR各線御茶之水站，步行10分／無休／P無

思念妻子的日本武尊建造的神社!?

神社名稱據說是日本武尊因思念妃子弟橘媛命，故將其取名為「妻戀明神」而來的。

在關東地區的稻荷神社中地位頗高，曾出現在齋藤長秋之作《江戶名所圖會》當中。古老記錄因明曆大火、關東大地震及太平洋戰而燒毀，幸運物吉夢[1]則是復刻品。

焦點KEYWORD

1【吉夢】

江戶時代相當盛行的吉祥物。只要在正月2日的晚上，將繪有寶船的圖畫放在枕頭下，就能做個好夢。神社通常會授予上頭繪有「七福神寶船」等畫作。

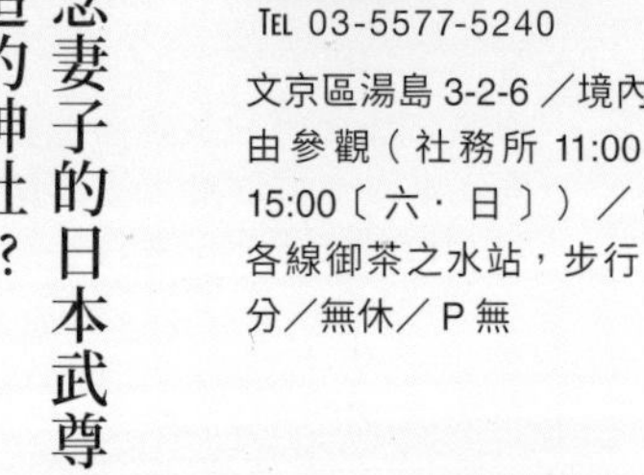

「吉夢（寶船）」（500日圓）。尺寸有B5，以及可貼在御朱印帳上的對開尺寸。

厲害之處 ☑ 關東地區的稻荷神社格外特別

東本願寺（ひがしほんがんじ）

江戶流傳下來的大屋頂 淺草的象徵★

◆創建：本是天正19年（1591）年或慶長8年（1603）在神田創建的光端寺，明曆大火（1657）之後遷至現今的淺草◆本尊：阿彌陀如來◆參拜所需時間：15分鐘

台東區
TEL 03-3843-9511
台東區西淺草1-5-5／境內自由參觀（御朱印9:00～15:00）／東京地鐵銀座線田原町站，步行5分鐘／無休／40台

部分不可

百姓熙來攘往，象徵淺草的名勝景點

原本的本堂因關東大地震而燒毀，現存的本堂是昭和14年（1939）建造而成的。魄力十足的大屋頂，是江戶時代留下來的建築，也是浮世繪的絕佳畫題。淨土真宗祖師親鸞聖人忌辰舉行的報恩講[1]場面，亦曾描繪於畫作之上。此外，朝鮮的通信使，亦曾在此棲息。

焦點KEYWORD

1【報恩講】淨土真宗開山祖師親鸞聖人，其忌辰（11月28日）之日所舉行的佛事。當時東本願寺朝聖者的參拜模樣，以及淺草熱鬧滾滾的景象，經常成為畫作和川柳的主題。

葛飾北齋和歌川廣重甚愛描繪的大屋頂。（圖．歌川廣重之作《江戶名所 淺草東御門跡》）

厲害之處 ☑ 浮世繪也描繪的大屋頂

高輪神社

たかなわじんじゃ

江戶玄關的幸福景點

◆創建：明應年間（1492～1501）◆祭神：宇迦御魂神等◆參拜所需時間：20分鐘◆社殿曾多次慘遭火神祝融。石鳥居建於寬文7年（1667），狛犬於寶永6年（1709）獻納，還有力石及庚申塔等多數貴重文化財產。

港區
TEL 03-3441-2719
港區高輪 2-14-18／境內自由參觀（社務所 9:00～17:00）／JR 各線高輪 Gateway 站，步行 3 分鐘／無休／P 無

現代辦公大街的江戶昔日風情

位於高輪 Gateway 站西側的神社。此處在江戶時代臨海，《江戶名所圖會》中亦曾描繪過。

當時的神社被稱為「稻荷社」，與境內的庚申堂深得江戶百姓的信仰。明曆年間（1655～1658）建立的太子宮[1]不容錯過。

焦點 KEYWORD

1【太子宮】

信仰聖德太子的職人集團，稱為「太子講」；而興建的佛堂稱為「太子堂」。前身為常照寺太子堂的高輪神社，在明治時代神佛分離之後，成為神道式的「太子宮」。及至今日，建築相關人士，亦會前來參拜。

太子宮石門上的雕刻，展現了江戶石工精湛的技藝，讓人誤以為是吳哥窟的雕像！

厲害之處 ☑《江戶名所圖會》 描繪的鳥居

※黃底標示，請參考 P252〔注 28，注 29〕

北野神社（牛天神）

きたのじんじゃ

梅花櫻花都愛的天神♡

◆創建：元曆元年（1184）◆祭神：菅原道真◆參拜所需時間：20分鐘◆願望成真的「撫牛」起源神社。每年2月，神社境內的梅花就會恣意綻放，舉辦「紅梅祭」（P.236）時，還會招待甜酒和特製的紅梅點心。

以浮世繪《礫川雪之旦》為封面的御朱印帳，描繪的是從境內眺望富士山的景象。（2000日圓）

文京區 TEL 03-3812-1862
文京區春日1-5-2／6:00～17:00（授與所 9:00～）／境內自由參觀／東京地鐵各線後樂園站，步行10分鐘／無休／P無

部分不可

出現在大都會中的能量景點

從大街轉進小巷，靜靜佇立在坡上的閑靜能量景點。

據說源賴朝休憩時，曾收到菅原道真的神示，因而獻納腰掛岩，創建神社，是百姓口中的「牛天神[1]」。江戶時代還可從神社境內的茶屋眺望富士山。

焦點KEYWORD

1【牛天神】菅原道真托夢給源賴朝時騎乘的黑牛，天神的守護神，是天神社不可或缺的存在。在牛天神北野神社裡，還有一座「祈願牛」在境內鎮座。

厲害之處 ☑「撫牛」的發源地

O MI KU JI

可愛的♡護身符

既然要買護身符，
當然要挑選一個能振奮心情的造型。
任性的心願，就讓它實現吧！

可愛動物主題

配合 5 月第 4 個週日的金魚祭，所推出的護身符。可向金魚祈求財運。（700 日圓）

代代木八幡宮

→P.137

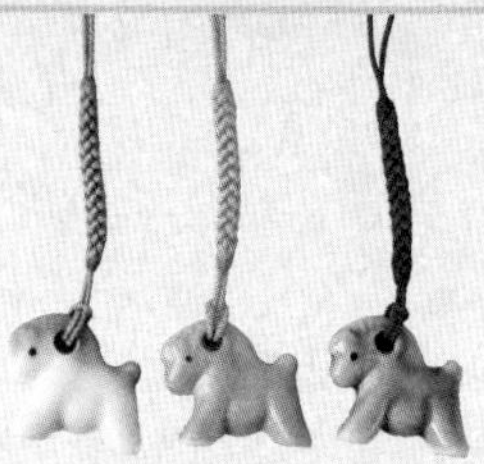

讓背著喜悅飛馳於天際的神馬守護的護身符。（各 500 日圓）

矢先稻荷神社

→P.193

祈求生活安全。以恩賜上野動物園的人氣明星貓熊為造型的護身符。（600 日圓）

上野東照宮

→P.104

隨身攜帶動物神♡

以山神使者神猿為主題的護身符。（兩種尺寸；大的各 800 日圓，小的各 600 日圓）

永田町 日枝神社 →P.132

祈求安康的狛犬護身符。（各 500 日圓）背面是狛犬的背影，有神社名稱。（小的 300 日圓）

七社神社 →P.143

以植物為主題，幸福洋溢♡

以明治神宮的樹木為材料，是此處獨有、神力最強的開運護身符。（1000 日圓）

明治神宮 →P.48

能帶來幸福的花朵護身符。藍色是繡球花，粉紅色是櫻花。（各 500 日圓）

鳩森八幡神社 →P.136

可愛♡戀愛護身符

以三角形的飯糰（おむすび）為造型，希望能締結緣分（縁をむすぶ）的護身符 。（大小有兩種，均為 1000 日圓）

高木神社

→P.140

鈴蘭花語是「幸福再次到來」，可感受到潔淨氣息的鈴蘭結緣護身符。（800日圓）

東京大神宮

→P.58

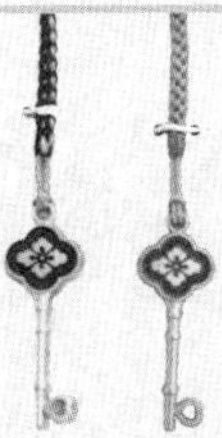

祈求戀愛成功的護身符。以鑰匙為造型，希望打開心儀之人的心門。（各1000日圓）

東京大神宮

→P.58

造型可愛的普普風！

與時尚精品店 BEAMS 攜手合作、只要擁有它就會覺得人生美滿的幸福護身符。（1000 日圓）

東鄉神社 →P.136

當作首飾配戴♡

能實現願望的「巫水引護身符」，每個月的造型都不一樣。（2000 日圓）

淺草神社 →P.78

江戶時代的歷史不容小覷！

與德川家及家康有關的社寺

為了守護江戶城，將德川家康神格化而建立社寺的德川家，與其因緣匪淺的社寺，不勝枚舉！

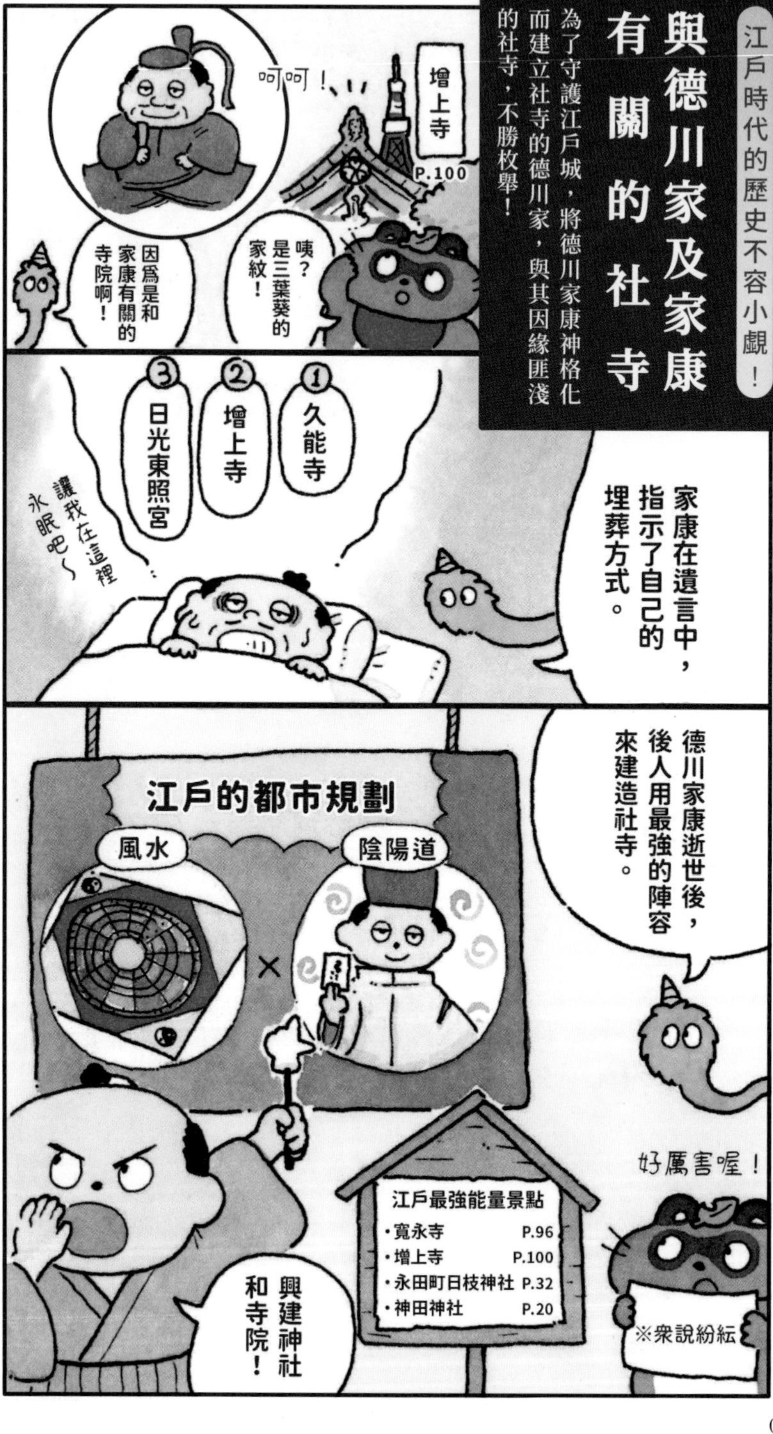

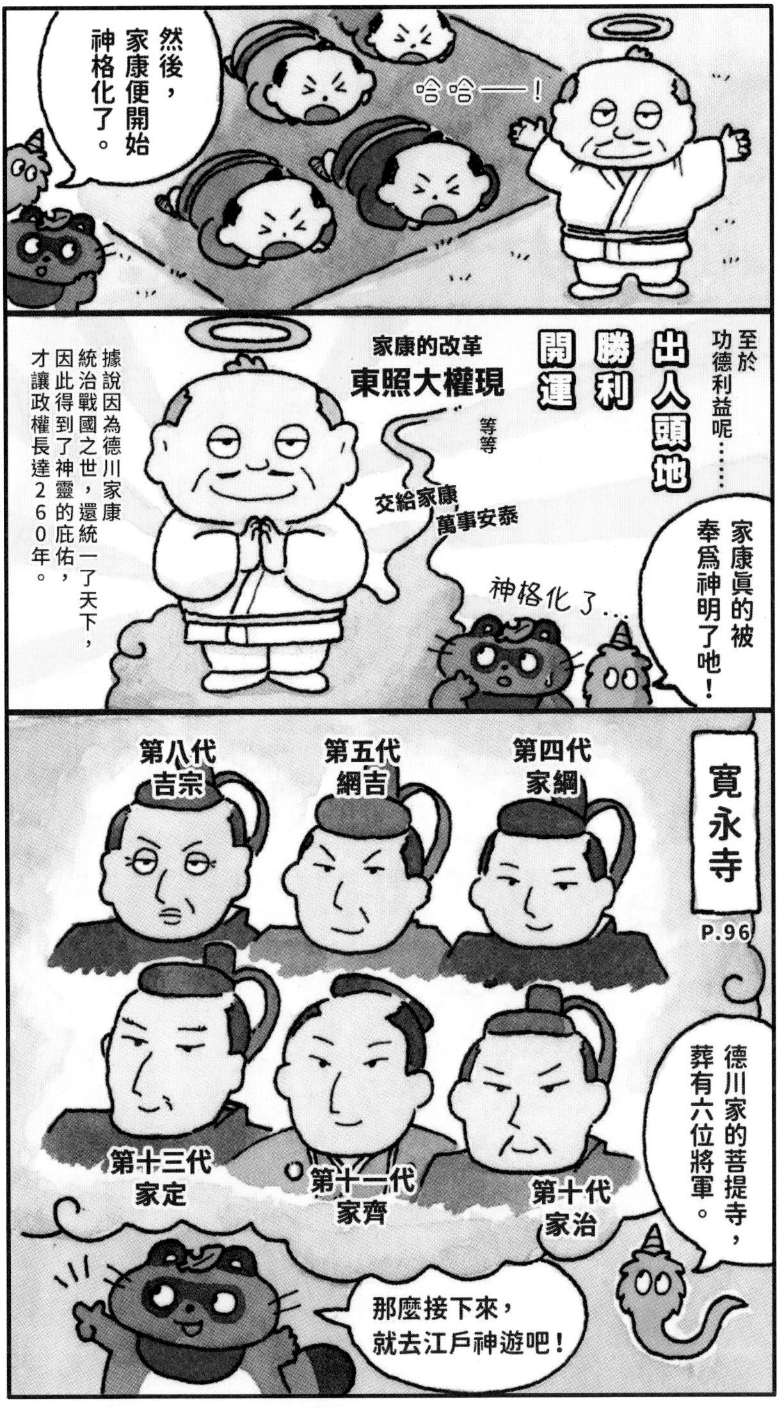
然後，家康便開始神格化了。
哈哈——！
至於功德利益呢……
出人頭地
勝利
開運
家康的改革
東照大權現
等等
交給家康萬事安泰
據說因為德川家康統治戰國之世，還統一了天下，因此得到了神靈的庇佑，才讓政權長達260年。
家康眞的被奉爲神明了吔！
神格化了…
寛永寺
P.96
第四代
家綱
第五代
綱吉
第八代
吉宗
第十代
家治
第十一代
家齊
第十三代
家定
德川家的菩提寺，葬有六位將軍。
那麼接下來，就去江戶神遊吧！

德川家 社寺

寛永寺（かんえいじ）

佇立在上野小山丘上守護著江戶城！四神相應的最強能量景點

與德川家命運共體的大寺院！

寬永2年（1625）在相當於江戶城鬼門的上野建立的寺院，是德川家的祈禱寺，也是其代代皈依、埋葬祖先的菩提寺。第四代將軍家綱統治時，後水尾天皇的第三皇子在此出家。自此之後至幕末，該寺住持皆由法親王，亦即出家為僧的日本皇室男性擔任，為天台宗的本山。

寺領本為2100石，到了第八代將軍吉宗，擴大到將近1萬1700石。然而，慶應四年（1868）發生上野戰爭[1]，讓寬永寺的建築全

厲害之處 ☑ 祈求江戶幕府及萬民安康的寺院

POINT　與德川家族的關係

將軍寄贈建造的大伽藍

德川家的祈禱寺，代代將軍亦寄贈不少土地及財物。元祿 11 年（1698），第五代將軍綱吉建立的根本中堂，成為面寬 45.5m，高 32m 的大伽藍。（圖・勝春朗〈葛飾北齋〉之作《浮繪 東叡山中堂之圖》）

德川家的智囊・天海大僧正

深得家康、秀忠、家光三代將軍信賴的天海大僧正。曾根據復興比叡山延曆寺的經驗，來建造寬永寺，境內有座奉拜其遺髮的毛髮塔。

數焚毀，甚至就連境內也被新政府沒收。到了明治12年（1879），相當於本堂的根本中堂重建之後，才漸漸得以復興。

焦點KEYWORD

1【上野戰爭】

慶應4年（1868）7月爆發戊辰戰爭，明治新政府軍和舊幕府彰義隊之間激烈交戰，舞台就在寬永寺境內。不過半日，多數殿宇便毀於一旦。

本為東京灣入水口的不忍池。初夏蓮花美不勝收。（P.223）

寬永寺

MI DO KO RO

MAP

從JR上野車站到鶯谷車站這條路線，佔有廣闊土地的寬永寺，上野公園和東京國立博物館均建立在其舊址上。若想踏遍所有景點，恐怕會花上不少時間，因此一定要事先確認想去的地方和路線。若能稍微拉長腳程，還可以到舊本坊正門及德川歷代將軍的御靈廟走走。

A 開山堂

供奉天海大僧正和良源大僧正的祠堂，又名「兩大師」，深受百姓信仰。

歌川廣重在《名所江戶百景 上野山內月之松》中，描繪的曲松及月松，是從清水觀音堂看到的景色。

B 清水観音堂

寬永8年（1631），天海大僧採用舞台建築樣式，建造了佛堂，並供奉從京都清水寺迎來的千手觀世音菩薩像。

隱藏推薦

貓熊神籤

清水觀音堂以上野的超人氣明星為主題，所推出的授予品「貓熊神籤」（500日圓）。各個表情生動不一樣，任君挑選。

開山堂的護符

印有慈慧大師形象的護身符（1000日圓）。因頭上長角，故名「角大師」。至於神符，通常會當作去除厄運及驅除疫病的護身符。

不能錯過!!!

Ⓕ徳川歴代将軍御霊廟

守護歷代將軍綱吉建立之門

根本中堂後方的御靈廟，安葬了6名將軍。綱吉建造的敕額門逃過戰火，依舊佇立於此，但不對外開放。

Ⓖ旧本坊表門（舊本坊正門）

仍然留有上野戰爭彈痕的正門

位於開山堂旁、輪王殿入口處，本坊原在現今東京國立博物館腹地內，因上野戰爭而燒毀，如今只剩這扇門。

◆創建：家康、天海大僧正、第二代將軍秀忠協議創建，於第三代將軍家光治世的寛永2年（1625）成立◆本尊：根本中堂／藥師三尊、清水觀音堂／千手觀世音菩薩、開山堂／天海大僧正與良源大僧正

台東區 TEL 03-3821-4440 部分不可

台東區上野櫻木1-14-11／9:00～17:00（因設施而異）／境內自由參觀／JR各線鶯谷站，步行7分鐘／無休／P無

Ⓒ旧寛永寺五重塔

（舊寬永寺五重塔）

寬永16年（1639）重建，為國家指定重要文化財，現位於恩賜上野動物園內。

Ⓓ上野大仏（上野大佛）

木喰上人建造的青銅大佛。佛像軀體在太平洋戰爭中，因供出令而被徵用，現在只剩臉部。

Ⓔ不忍池辯天堂

模仿琵琶湖及湖中央的竹生島，建在不忍池中央小島上的辯天堂。現為昭和33年（1958）重建的佛堂。

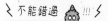

德川家 社寺

增上寺（ぞうじょうじ）

東京都心的心臟地區！適合打卡的德川菩提寺

舉辦德川家的葬禮！家康鍾愛的寺院

明德4年（1393）創建於江戶貝塚（今千代田區平河町附近）的寺院。在慶長13年（1608）被命為鎮守國家、保佑天皇玉體安康的勅願所。室町～戰國時代則發展為東國浄土宗的道場。

另一方面，德川家康在天正18年（1590）將其指定為菩提寺[1]，接著又在慶長3年（1598）遷至芝這個地方。在德川家的鼎力支持之下，到了17世紀升格為擁有3千名學僧的大寺院。

明治時代寺院境內土地被

厲害之處 ☑ 德川家共有38人永眠的菩提寺

※ 黃底標示，請參考 P252〔注30〕

POINT　與德川家族的關係

曾經舉行家康葬禮的寺院

德川家康抵達江戶之後，因對住持源譽存應的言行舉止感動不已，因而選擇增上寺為菩提寺。家康逝世後先是葬於久能山，隨後在增上寺舉行葬禮。（圖‧《台德院靈廟奧院寶塔》／已燒毀）

象徵增上寺的三解脫門

江戶時代的鼎盛時期，超過 120 座殿堂齊聚一堂。現存的三解脫門，是元和 8 年（1622）重建的，同時也是保留江戶風貌的珍貴建築。（圖‧歌川廣重之作《東京名所　增上寺》）

是大寺院的風格呢！

新政府沒收，還兩度遭遇大火。大正時代雖曾復興，但堂宇及舊國寶德川將軍家御靈廟，在太平洋戰爭期間因空襲而燒毀，不過戰後已成功復興。

焦點 KEYWORD

1【菩提寺】

設立祖代墳墓、舉行葬禮和法事的寺廟。家康將增上寺指定為德川家的菩提寺，之後又創建了寬永寺。第二代將軍秀忠安葬於增上寺，第三代家光則在寬永寺舉行葬禮，因此德川家有了兩座菩提寺。

從安國殿可以看到東京鐵塔！

增上寺

MI DO KO RO MAP

首先要參觀的是，正面入口沿著日比谷通的三解脫門，以及旁邊的黑門。

進入境內參拜之前，先觀賞珍貴建築的水盤舍。到大殿參拜之後，再前往位於地下的寶物展示室參觀。

安國殿後方的德川將軍家墓地，更是必訪的參拜勝地。記得好好感受一下將軍、正室與側室永眠的莊嚴氛圍。

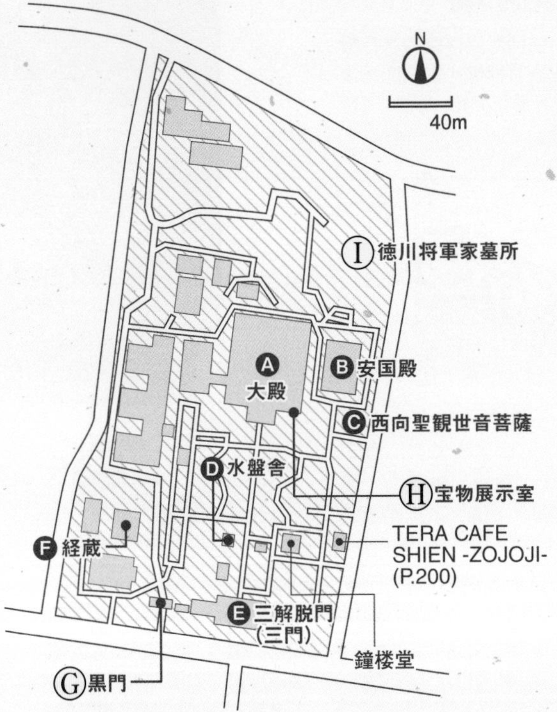

Ⓐ大殿

昭和49年（1974）重建，2樓為本堂，3樓有修行道場。

Ⓑ安国殿

建立於平成22年（2010），安置的秘佛黑本尊，據說是淨土真宗尊奉為祖師的天台宗高僧惠心僧之作。

Ⓕ経蔵

在德川家的支援下營造的，收藏家康寄贈的大藏經。現則置於收藏庫保管。

Ⓓ水盤舎

原本在奉祀德川綱重（第三代將軍家光的三男）的靈廟，於昭和53年（1978）年遷移至此。

Ⓒ西向聖観世音菩薩

鎌倉幕府第五代執權北條時賴，為祈求健康育兒及順產，而在觀音山路旁建造了小佛堂。

不能錯過!!!

Ⓘ德川将軍家墓所

歷代將軍永眠之處

被指定為舊國寶的本殿和拜殿氣派壯麗，卻因戰火慘遭祝融。戰後學術調查結束後，第二代將軍秀忠及其他5位將軍、正室、側室、皇女及親王家亦一同在此永眠。（參拜費500日圓）

現存的墓所大門，是將文昭院殿（第六代將軍家宣）的靈廟，也就是寶塔前方的中門移建而來的。

Ⓖ黒門

曾經遷移的舊方丈門

相傳慶安年間（1648～1652）第三代將軍家光的寄贈物，本為增上寺方丈的正門。

Ⓗ宝物展示室

可以窺探德川權勢的模型

常設展展示的是，被焚毀的第二代將軍秀忠祠堂模型「台德院殿靈廟」。（入館費700日圓）

隱藏推薦

繪馬和護身符

增上寺的勝運葵繪馬（500日圓），上頭印的三葉葵圖案是德川家家紋。以三葉葵家紋為主題的開運葵金屬吊飾（700日圓），設計低調，風格時尚。

Ⓔ三解脱門（三門）

唯一保留江戶初期風貌的建築物，同時也是國家指定重要文化財，安置的是釋迦三尊像和十六羅漢像。

◆創建：明德4年（1393），由淨土宗第八祖西譽聖聰上人創建◆本尊：阿彌陀如來◆參拜所需時間：1.5個小時

港區 TEL 03-3432-1431
港區芝大門4-7-35／9:00～17:00／境內自由參觀／都營地下鐵三田線御成門站，步行3分鐘／無休／P無

部分不可

德川家
社寺

上野東照宮

うえのとうしょうぐう

展現工匠技巧的唐門和社殿！光輝燦爛的東照宮

逃離戰火的好運氣！
氣勢磅礴的江戶社殿建築

遠離上野公園中心地，地處幽靜偏遠地區的上野東照宮。寛永2年（1625），伊勢國津藩藩主・藤堂高虎和天海大僧正遵照德川家康的遺言，在藤堂高虎的宅地，也就是上野，創建了寛永寺。其中的一座佛堂就是東照社，並奉祀家康為「東照大權現[1]」。

慶幸的是，幕末的上野戰爭、關東大地震、太平洋戰爭等戰禍和災害，並沒有波及這座神社。第三代將軍家光於改建時所建造的金色殿（社殿）、唐門和透塀仍然保留至今日，

厲害之處 ☑ 保留江戶時代風貌的文化財產

讓後人得以欣賞這些建築的華麗姿態。

POINT 與德川家族的關係

賦予重要地位的東照宮

元和 2 年（1616），在駿府城逝世的德川家康葬於久能山，隔年改葬日光山的東照宮。之後東照宮在全國各地相繼建立，當中尤以上野東照宮與德川家的因緣最深，而且意義非凡。

德川御三家的銅燈籠

慶安 4 年（1651），為緬懷德川家康的 36 週年忌日，尾張、紀伊和水戶的德川御三家，各獻納了 2 座銅燈籠，並設置在唐門兩側。上頭裝飾著形似大牡蠣的想像動物「蜃」和飛天女神。

焦點 KEYWORD 1【東照大權現】

後水尾天皇賜予德川家康的神號，為東照宮的祭神。雖然有人提議和豐臣秀吉的「豐國大明神」一樣，使用「明神」這個日本神道對神的稱號，不過天海大僧正反而建議使用「權現」，故第二代將軍秀忠最後決定採用「權現」這個神號。

全國的大名（即諸侯）所獻納的石燈籠，整齊排列的參道，娓娓道出德川的威嚴。

Ⓐ栄誉権現社（御狸様）（えいよごんげんしゃ）

（榮譽權現社　（御狸神））

祭祀惡狸的榮譽權現社。據說有祈求好運、考試順利、勝利在望等功德利益。

上野東照宮

MI DO KO RO MAP

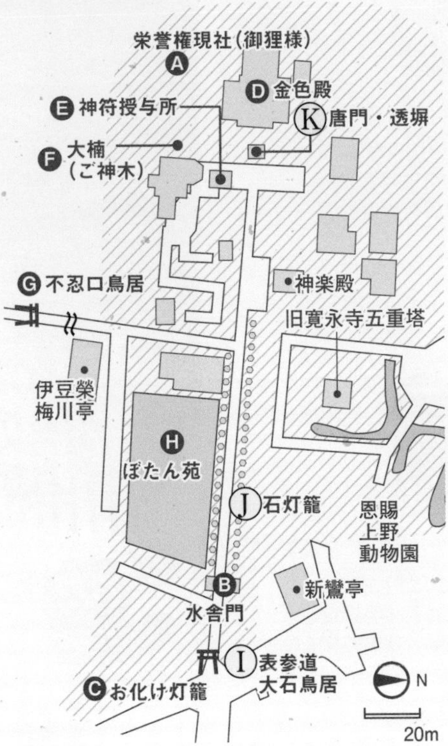

從上野恩賜公園棒球場對面開始的長長參道，便可感受到上野東照宮崇高的社格。只要穿過大石鳥居與水舍門，兩側就會出現一長排的石燈籠。從正面看去的社殿金碧輝煌，耀眼奪目。被奉為神木的大樟樹與榮譽權現社（御狸神），也在參拜範圍內。離開境內之後，巨大的鬼燈籠千萬別忘記觀賞。

在公園裡散步也相當不錯。另外，德川的菩提寺、寬永寺（P.96）亦可一併參拜。

◆創建：寛永4年（1627），由天海大僧正和津藩藩主藤堂高虎建立，正保3年（1646）正式授予宮號，稱為「東照宮」◆祭神：東照大權現◆參拜所需時間：30分鐘

台東區 TEL 03-3822-3455

台東區上野公園9-88／9:00～17:30（10～2月 ～16:30）／500日圓（部分）／JR各線上野站，步行5分鐘／無休／P無

部分不可

Ⓒお化け灯籠　（鬼燈籠）

安土桃山～江戶時代的武將佐久間勝之，所獻納的石燈籠，全長6m，相當巨大，故名鬼燈籠。

Ⓑ水舎門

社殿前的水舍罩棚，是昭和39年（1964）為當成門使用而移建於此。

D 金色殿

由拜殿、幣殿和本殿構成的權現造建築樣式。只要支付參拜費（500日圓），即可就近參觀。

E 神符授与所

（神符授與所）

授予護身符和神符等物品。而觀賞透塀內側，以及御神木的參拜收費區，皆是從這裡開始。

不能錯過!!!

Ⓚ唐門・透塀

維妙維肖・繽紛奪目的雕刻之美

江戶名匠左甚五郎雕刻在唐門上的昇龍和降龍，傳聞會飛去不忍池喝水。透塀雕刻的圖案，是動植物及其他生物，並且著上了鮮豔的色彩。

Ⓘ表参道 大石鳥居

經歷關東大地震仍安然無恙

江戶大老酒井忠世於寛永10年（1633）獻納，建材為備前御影石。

Ⓙ石灯籠

大名競相寄贈

約250座的石燈籠，慶安4年（1651）社殿建造時，各地大名的獻納。

F 大楠 （ご神木）

（大樟樹・御神木）

高約25m，樹齡超過600年的大樟樹，被奉為御神木，人稱「上野祖木」。

G 不忍口鳥居

明治6年（1873）從江戶城內的紅葉山東照宮，移建到此的御影石鳥居。

隱藏推薦

帶來好運！

昇龍護身符

讓家康和上野東照宮好運降臨的昇龍護身符（1500日圓），每月16日～18日限定授予。

繡有金色殿圖案

御朱印帳

繡上社殿、唐門、昇龍及降龍圖案的獨創御朱印帳，還有三葉葵社紋圖案版本。（1500日圓）

H ぼたん苑 （牡丹苑）

點綴日本庭園的牡丹花，1月～2月中旬、4月中旬～5月中旬開放。（P.216）

徳川家社寺

芝東照宮（しばとうしょうぐう）

等身大的家康是御神體！誠心參拜，定能出人頭地？

宛如奇蹟流傳於世的壽像和大銀杏絕不可錯過

慶長6年（1601），迎接花甲之年的德川家康，命人雕刻了一尊與自己等身大的壽像，並在駿府城舉行祭儀。臨終時留下遺言，令增上寺的僧侶「守護永世國家」。元和3年（1617），後人建造供奉壽像的安國殿[1]。

芝東照宮保留了寬永18年（1641）修建時的風貌，本為國寶的社殿，卻在昭和20年（1945）五月，因空襲而燒毀。唯有壽像與大銀杏這棵御神木宛如奇蹟般殘留下來，至今仍然屹立不搖，鎮座於此。

厲害之處 ☑ 逃過戰火的神像

POINT 與德川家族的關係

鳥居的匾額，出自家康子孫之筆

掛在鳥居上方的匾額，是德川宗家第十六代家達之作，曾任過靜岡藩知事、貴族院議長等職位。

不能錯過!!!

ご神木（御神木）

相傳為德川家光栽種！東京都的天然記念物

寬永18年（1641）安國殿重建之際，傳聞為第三代將軍家光種植的大銀杏。

狛犬

江戶中期的歷史見證者

參道中的狛犬，是於天明8年（1788）年獻納，也是保留江戶中期樣貌的唯一古物。

用日光杉製成的「芝東照宮道中安寧護身符」，可與御朱印一同授予。（初穗料500日圓）

◆創建：元和3年（1617），在增上寺境內建立的安國殿，慶長6年（1601）奉拜德川家康親自下令雕刻的壽像。明治時期推行神佛分離之際與增上寺分離，改稱東照宮◆祭神：德川家康◆參拜所需時間：20分鐘

港區 TEL 03-3431-4802（芝大神宮社務所）
港區芝公園4-8-10／境內自由參觀（社務所9:00～16:30）／都營三田線御成門站附近／無休／P無

部分不可

焦點KEYWORD

1【安國殿】

最初以增上寺的「安國殿」而建的芝東照宮，明治初期與其分家，稱為「東照宮」，並在本殿內安置德川家康的壽像。至於增上寺是在昭和49年（1974）於境內另設「安國殿」。

社寺｜德川家

湯島聖堂（ゆしませいどう）

延續江戶時代的學堂傳統

對於儒學[1]醉心不已的第五代將軍綱吉，於元祿3年（1690）將曾經侍奉將軍的儒學家林羅山，在府宅內建造的孔子廟與私塾遷至湯島，同時還營建大成殿[2]和學堂。這就是於寬政9年（1797）開校的昌平坂學問所前身，教導儒學，以作為武家教育的基礎。

到了明治時代雖然廢校，該地卻成立了東京師範學校（日後的筑波大學），讓學問所的傳統得以延續至今。

焦點 KEYWORD

1【儒学】

以中國思想家孔子為始祖而推崇的信仰，稱為「儒教」。其教誨的學問，稱為「儒學」。而祭祀孔子的祠堂，稱為「孔廟」。

2【大成殿】

孔廟的正殿，中央供奉著孔子像，左右奉拜著四賢人，即孟子、顏子、曾子與子思。從鎮座在屋頂兩端的鯱嘴裡吐出的水柱，據說可以驅逐火神。

POINT　與德川家族的關係

致力於武家教育的昌平坂學問所

寬政9年（1797），擴大湯島聖堂的腹地後，開設由幕府直轄的昌平坂學問所。（圖・歌川廣重之作《名所江戶百景　昌平橋聖堂神田川》）

大成殿是孔子廟的正殿。現存的建築，是建築師伊東忠太於昭和10年（1935）設計的。

厲害之處　☑ 近代教育的發源地

在昔日的學習場所
感受智慧與品格……

◆創建：元祿 3 年（1690），奉第五代將軍綱吉之命，將儒學家林羅山在上野忍岡建造的孔廟，遷至神田台，並改稱為聖堂◆祭神：孔子◆參拜所需時間：20 分鐘◆週六、週日及國定假日，大成殿開放參觀（10:00～關門）。御朱印可在斯文會館求取

傳聞孔子大約在 2500 年前出生於古代中國・魯國的昌平鄉。

不能錯過 !!!

江戶時代流傳下來的入德門

寶永元年（1704）建造的入德門，是江戶時代保存下來的珍貴木造建築物，匾額為江戶中期的公卿持明院基輔所筆。

據說是從孔子墓地將種子帶回來栽種的黃連木。

文京區 TEL 03-3251-4606 （斯文會）

文京區湯島 1-4-25 ／ 9:30 ～ 17:00 （冬季 ～ 16:00） ／境內自由參觀／從 JR 各線御茶之水站， 步行 2 分鐘／無休／P 無

部分不可

德川家 社寺

愛宕神社（あたごじんじゃ）

衝上石階，出人頭地！獻給家光的梅花不可錯過

座落在大都市小山丘上的鎮火之神

鎮座在東京鐵塔和虎之門之丘附近，海拔約26m的愛宕山上的神社。自從德川家康被尊崇為防火之神以來，深受德川家敬奉。

男坂的歷史，與武士曲垣平九郎騎馬上山，獻上梅花給將軍德川家光有關，故名「出世石階」。

◆創建：於慶長8年（1603），奉家康之命，以防火之神供奉◆祭神：火產靈神等◆參拜所需時間：10分鐘

社殿前栽種的梅花，據說是武士曲垣平九郎獻給將軍家光的將軍梅。

港區

TEL 03-3431-0327

港區愛宕9-16／境內自由參觀（社務所9:00～16:00）／東京地下鐵日比谷線神谷町站，步行5分鐘／無休／5台

部分不可

厲害之處 ☑ 急坡上的「出世石階」

德川家 社寺

池上本門寺（いけがみほんもんじ）

與紀州德川家關係密切的日蓮宗大本山

以德川家族及武將為後盾，在江戶時期得以發展的寺院

日蓮聖人61歲入滅（臨終）之地，是日蓮宗最重要的寺院。

江戶時代以德川家為後盾而發展，同時也是紀州德川家在江戶逝世的正室和側室之墓。境內還保留著德川賴宣的正室，亦即加藤清正之女瑤林院所建立的供養塔。

◆創建：弘安5年（1282），為了療養而前往常陸（今茨城縣）的日蓮聖人，在鄉主池上宗仲的宅邸入滅。之後池上氏寄贈土地、修整堂塔為起源◆本尊：娑婆世界◆參拜所需時間：30分鐘

大田區　TEL 03-3752-2331

大田區池上 1-1-1／境內自由參觀（寺務所 9:30～16:00）／東急池上線池上站，步行 10 分鐘／無休／100 台

部分不可

德川家康的側室，同時也是紀州德川家第一代當主賴宣的生母阿萬之方（養珠院）的墓所。

厲害之處 ☑ 日蓮聖人的入滅靈場

近郊社寺

高尾山藥王院（たかおさんやくおういん）

諸大名守護的天狗山是通往異世界的入口？

天狗守護的靈山，也可通往富士山？

據說是高僧行基於天平16年（744）開山的寺院，且傳聞不動明王的臨時化身飯繩大權現，是在永和年間（1375～1379）被奉祀於本堂。

戰國時代，此處成為北條氏的領土。天文年間（1532～1555），北條氏康勸請人稱「淺間大菩薩」的富士山神，分靈移駕至現今的奧之院。另外，北條家亦曾盛大整修藥師堂，保護整座山。即便此處在江戶時代成為德川家的領地，依舊繼續受到保護。

寺院奉拜的淺間大菩薩是富

6分鐘就能前進270m的纜車，有一處傾斜角度堪稱日本最大。

事先預習
迷你知識

大天狗像

守護本尊
頗有威嚴的天狗

據說滿臉通紅、鼻子高挺，同時手持葉扇的天狗神通廣大，可以帶來好運。還有鳥喙形狀宛如烏鴉的小天狗像。

富士山信仰

走在東海道上
繁盛興盛的富士山講

富士山是神明居住的神聖之地，不少人特地前往，也為東海道帶來了繁榮。（圖．五雲亭貞秀之作《東海道六鄉渡風景》）

◆創建：天平16年（744），奉聖武天皇之命由行基開山，以作為鎮護東國的祈願寺。永和元年（1375）從京都醍醐山而來的俊源大德在此出家，並且奉祀飯繩大權現 ◆本尊：飯繩大權現 ◆參拜所需時間：3個小時

八王子市 TEL 042-661-1115
八王子市高尾町 2177／境內自由參觀（接待處 9:00 ～ 16:00）／高尾山纜車高尾山站，步行 20 分鐘／無休／250 台

士山神的分靈，因此江戶時代的富士道者[1]紛紛前來參拜。藥王院通往小佛峠的道路（目前已禁止通行）稱為「富士道」，從那裡可仰望人們奉為靈山的富士山。

境內設有守護飯繩大權現[2]的天狗像，還提供一般參拜者體驗修行。

焦點KEYWORD

1【富士道者】
為了參拜而爬上富士山的人之統稱。不過江戶時代的富士山，嚴禁女人上山。（P.6）

2【飯繩大權現】
佛教的不動明王，為了拯救眾生而化身的模樣，深得上杉謙信和武田信玄等戰國武將信仰。

高尾山藥王院

MI DO KO RO MAP

名列世界旅遊手冊的高尾山，是東京都內屈指可數的登山健行勝地。而位在山腰的藥王院，更是處處值得一看的能量景點。

從淨心門到四天王門慢慢走，大約20分鐘。進入四天王門後，便可看到天狗像和授與所。本社前面有座鳥居，能體會神佛習合的痕跡。

境內基本上都是上坡或樓梯，參訪時最好穿著習慣耐走的鞋子。從奧之院的不動堂再走15分鐘，就能到達高尾山的山頂。

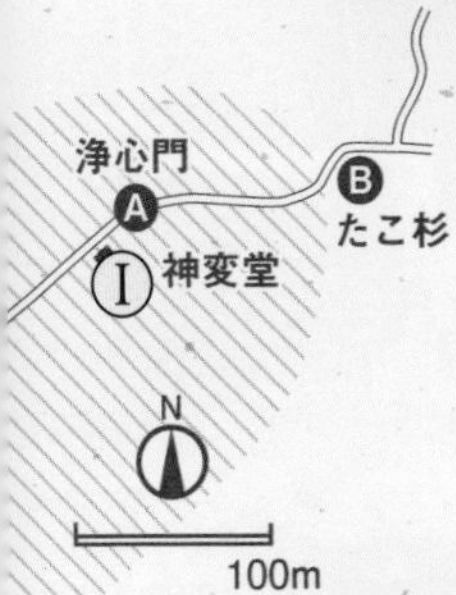

Ⓐ浄心門

位在藥王院入口處，到本堂還有一段路。入門後，無論是多麼微小的生物，都禁止殺生。

Ⓑたこ杉（章魚杉）

盤根看似章魚腳，還有傳說天狗曾經坐過的「天狗腰掛杉」。

看似章魚吸盤的地方，竟然有個大洞穴，據說樹齡已超過700年。

Ⓓ四天王門

祭拜多聞天、廣目天、增長天、持國天，全檜木建材的山門。而2樓奉祀的是弘法大師。

隱藏推薦

天狗燒

現烤現做的天狗燒，在纜車高尾山站附近的「高尾山香住」就可以買到。（1個200日圓／10:00～16:30；冬季～16:00提供）

天狗護身符

以天狗的開運扇為造型的護身符，據說能開運招福，甚至消除邪惡，斬斷壞事。隨身攜帶，可愛無比。（各800日圓）

不能錯過!!!

Ⓘ神変堂

祭祀以超強腳力聞名的修驗道開山祖師

進入淨心門之後，出現在左手邊的祠堂。奉拜神變大菩薩，亦即修驗道開山祖師役行者。

Ⓙ富士浅間社

功德利益等同參拜富士山？

供奉的淺間大菩薩，是後北條家勸請的分靈。據說得到的功德利益等同參拜富士山，當時眾武將曾朝聖參拜。

Ⓒ男坂／女坂

右邊是漸緩的坡道（女坡），而左邊則是108階的階梯（男坡）；可視體力選擇。

Ⓕ本社・飯縄権現堂

建於江戶中期的豪華祠堂，建築樣式與日光東照宮一樣採權現造，雕刻十分美麗。

Ⓖ不動堂

相當於藥王院奧之院的佛堂，供奉不動三尊。可惜大門深鎖，無法看到本尊。

Ⓔ大本堂

供奉開山本尊藥師如來。面向本堂的右手邊有大天狗，左手邊有烏天狗的面具。

從山頂的觀景台，可以眺望到富士山，建議冬天上午前往遙拜。

近郊社寺

武藏御嶽神社（むさしみたけじんじゃ）

奢華絢爛！江戶西邊的守護神

從關東一帶聚集而來的山岳信仰集合之地

傳聞始於崇神天皇時代（前148～前30），歷史相當悠久。天平8年（736），僧侶行基曾在此祈求鎮護東國，並安置金剛藏王權現像。平安時代的《延喜式神名帳[1]》記載為「大麻止乃豆乃天神社」，以靈山聞名。

天正18年（1590），德川家康寄贈了30石。江戶時代，慶長11年（1606）奉德川家康之命，原本朝南的社殿改為朝東，以守護江戶西邊。

到了江戶中期，百姓之間盛行集資組成「講」（P.6）以

厲害之處 ☑ 自古以來深受信仰的關東靈山

除了幫飼主的愛犬進行祈禱儀式（9:00～16:00／1隻3000日圓～），還有寵物護身符。

事先預習的
迷你知識

霊場・御嶽神社

以深山的神社為目標，齊聚一堂

因御嶽信仰而成立的「講」，自江戶時代以來便吸引不少朝聖者參拜。（圖・柳齋雪信之作《武藏國御嶽山繪圖面》／東京都立中央圖書館典藏）

東馬場

歷史悠久的宿坊，是都市文化財建築

神社的祭司「神主」和專門照料朝聖者的「御師」，所經營的宿坊和茶房。茅草屋頂的建築物，建於慶應2年（1866），現已登記為東京都有形文化財。

◆創建：天平8年（736），另一說為始於崇神天皇（前148～前30）時期。建久2年（1191）源賴朝曾修復社殿◆祭神：櫛麻智命、大己貴命、少彥名命、日本武尊、廣國押武金日命◆參拜所需時間：3個小時

青梅市 TEL 042-878-8500

青梅市御岳山176／境內自由參觀（社務所 9:00～16:00）／御岳山纜車御岳山站，步行25分鐘／無休／無（纜車瀧本站有收費停車場）

赴社寺參拜。而武藏御嶽神社也有「講」的成立，讓御嶽信仰[2]在關東普傳開來。至今信仰仍深植民心，參道依舊有不少宿坊（P.247）。

焦點KEYWORD

1【延喜式神名帳】
延長5年（927）編纂的律令條文《延喜式》，對於官制和儀禮有詳盡的規定。而當時指定為「官社」的全國神社一覽表，收錄在第九和第十卷中。

2【御嶽信仰】
信奉跨越岐阜縣和長野縣的御嶽山、流傳自鎌倉時代的山岳崇拜信仰之一。

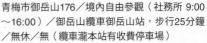

武藏御嶽神社

MI DO KO RO MAP

御岳山的山中一帶，相當廣闊，其境內十分推薦以徒步旅行的方式來探索。

從御岳山纜車的御岳山站下車後，穿過宿坊林立的商店街，來到隨身門。參拜本殿後，請務必要到奥宮走走。不過途中可能會經過階梯、上坡及尚未鋪設的道路，建議穿著舒適的鞋子，更別忘記多補充水分。

C 参道商店街

隨身門前有一條小商店街，沿路有紀念品店和餐飲店，充滿懷舊氛圍。

A 滝本駅

（瀧本車站）

前往神社的玄關口。可乘坐纜車到山腰的御岳山站，只需6分鐘。（單程600日圓，來回1130日圓）

B 神代ケヤキ （神代欅木）

日本武尊在東征之際茂盛茁壯的神木，推測樹齡超過千年，是棵高約30m的巨木。

E 幣殿・拝殿

元祿13年（1700），奉第五代將軍綱吉之命，重新改建而成，鮮豔的朱紅色在藍天之下格外耀眼。

D 随身門

一爬上陡坡和石階，就會出現在眼前的華麗大門。在明治時代實行神佛分離令之前，稱為「仁王門」。

從秋天到冬天可欣賞到紅葉和落葉，四季更迭的風情，讓人流連往返。

位於海拔929m的御岳山山頂上，擁有許多分社的神社。冬季清晨有時會望見一大片雲海。

隱藏推薦

精釀啤酒

明治20年（1887）開始釀造啤酒的石川酒造，推出復刻版啤酒。（多摩之惠與JAPAN BEER，各418日圓／可在纜車商店購買）

登山安全護身符&大口真神札

江戶中期開始流通的神符，可驅邪禦盜。上面繪有日本狼的圖案，讓人印象深刻。既然是與御岳山有關的護身符，那當然要買！

Ⓕ本殿

明治11年（1878）採神明造建築樣式的神社，祭拜五柱神明。記得從門前開始參拜。

Ⓖ奧宮・遥拜所

西南方有座圓錐形的山，還能朝拜祭祀日本武尊的男具那社奧之院。

不能錯過!!!

Ⓘブロンズの狼像（青銅狼像）

守護本殿！日本狼

本殿旁的青銅像，是人稱「犬神」的日本狼，據說是天明3年（1785）獻納的。

Ⓗ常磐堅磐社

舊本殿是歷史建築

東京都指定有形文化財（重要美術品），黑色閃亮的外觀，值得一看！

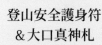

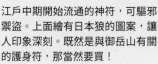

O MA MO RI

獨特的護身符

連這個也可以保佑！？
令人訝異的獨特護身符！

世田谷八幡宮

→P.146

藉助相撲的力量來提升運氣！守護孩子的「茁壯護身符」

向神獻納相撲的神社，以相撲力士為圖案而設計的護身符。（1000日圓）

穩田神社

→P.135

讓人身心都化爲美人的「美麗護身符」

以境內的梅樹為主題的護身符。無論是內在還是外在，都希望能變得美麗。（500日圓）

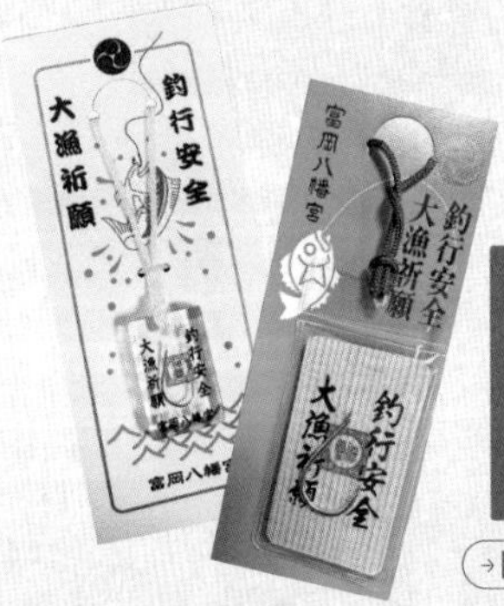

富岡八幡宮

→P.38

不是只有保佑漁夫！「釣行安全・大漁祈願」

愛好釣魚的人看這裡！帶有魚鉤的護身符，可祈求航海安全，大漁豐收。（各800日圓）

田無神社

→P.178

有了「高爾夫護身符」一擊必中！

希望藉由紅龍的強大力量，獲得勝利。附木製標記。（700日圓）

愛宕神社

→P.112

歷史人物也信仰的神明！以「太郎坊護身符」來求得好運

奉拜聖德太子等人也信仰的勝利幸福之神太郎坊的神社，以此為名製作的護身符。（700 日圓）

芝東照宮

→P.108

馬拉松和人生都一樣！有「完賽護身符」就OK！

比擬東京馬拉松經過地點而設計的護身符，上頭繪有跑者的英姿。（500 日圓）

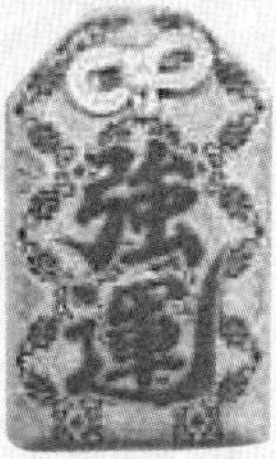

芝大神宮

→P.28

每年的造型都不一樣！帶來好運的「強運護身符」

顏色設計年年不同的強運護身符，能夠吸引強大的運氣。（800 日圓）

若是將棋之神，必選「王手勝護身符」！

支持必勝之心及力量的護身符。描繪的棋局也有特別含義！？（1000 日圓）

鳩森八幡神社

→P.136

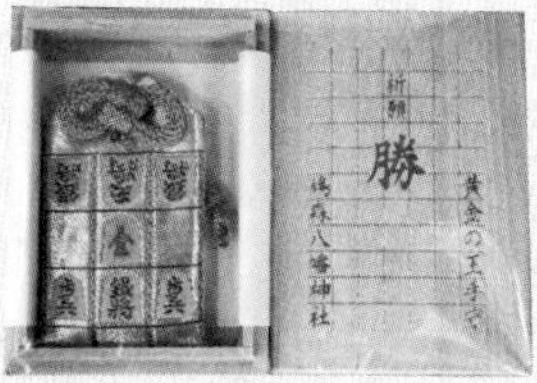

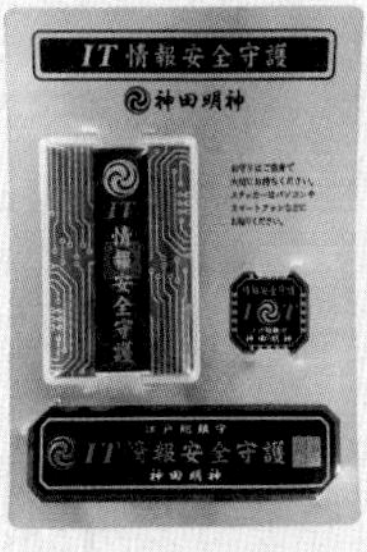

現代社會不可或缺！？「守護IT資訊安全」萬無一失的安全措施

可以防止電腦中毒、當機、強制結束、個資外洩！（封印貼三張一組／1000 日圓）

神田神社（神田明神）

→P.20

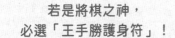

距離近，隨時拜！富士山的力量

江戶時代流行的參拜旅行——「講」的文化（P.6）。
就算人在東京都內，照樣可以登上日本第一的富士山！

❶

❷

❸

❶ 東京都內現存的最古老的富士塚。鳩森八幡神社。
❷ 東京都內規模最大！品川神社內高達15m 的富士塚。
❸ 站在多摩川淺間神社的富士塚上，能看到富士山！

從江戶時代流傳至今日！任何人都可輕鬆前往富士山參拜

在山岳信仰根深蒂固的日本，人們相信山中居住著神靈。而日本最高峰的富士山，更是其代表，所以江戶時代才會盛行到富士山朝聖旅行，也就是「富士講」。

然而，富士山在江戶時代是禁止女人攀爬，於是那些無法前往富士山的女性和孩子，轉為參拜模擬富士山而建的富士塚，以當作已登上富士山朝聖。

現代東京都內仍有不少神社保留著富士塚，讓民眾能夠輕鬆享受參拜富士山的樂趣。沒有時間和體力去富士山的人，一定要去「東京都內的富士山」見識一下。

多摩川淺間神社

大田區 TEL 03-3721-4050
大田區田園調布 1-55-12／境內自由參觀／東急各線多摩川站，步行2分鐘／無休／20台

鳩森八幡神社

澀谷區 →P.135

品川神社

品川區 →P.40

CHAPTER 4

御朱印巡禮

值得走訪、巡遊

巡繞社寺，收集御朱印，滿足小小的成就感♡

七福神巡禮 126
元祖山首七福神、日本橋七福神

按區域朝聖 134
澀谷區、墨田區

按路線朝聖 142
都電荒川線（東京櫻花路面電車）、世田谷線

七福神巡禮

元祖山手七福神

御朱印之旅

元祖山手七福神巡禮參拜，是橫跨港區和目黑區的6座寺院，悠久的歷史可追溯至江戶時代。其中福祿壽和壽老人，奉拜在同一座寺院裡。

大圓寺的七福神像。（P.128）

高約6cm的「不倒翁」內附神籤（各500日圓），為這趟朝聖之旅增添了不少樂趣！這趟山手七福神巡禮全程約需2個小時，安排行程時不妨充裕一些，以感受東京的獨特魅力。別忘了帶上御朱印帳喔！

巡 → 禮

POINT

白金高輪站 ⟷ 不動前站
祈求生意興隆（← 往白金高輪站）
無病消災長命百歲（→ 往不動前站）

山手七福神巡禮的參拜方向不同，帶來的功德利益也會跟著改變。從目黑區出發，可以祈求生意興隆；從港區出發，可求無病消災、長命百歲。

一、蟠龍寺（ばんりゅうじ）

❷

❶

座落於都市一隅的寧靜古剎 供奉潛藏岩窟之中的辯才天

宛如世外桃源的寧靜住宅區裡，有座歷史悠久的淨土宗古剎。境內深處有一個小小的岩洞，裡頭供奉著岩屋辯才天。傳說只要參拜「白粉地藏」，就能祈求青春永駐。

❶ 本堂的右後方有個岩洞，上方是辯天堂。往年都是1月1日～7日御開帳，供信徒參拜。

❷ 御朱印500日圓，可在本堂左手邊領授。

下目黑　TEL 03-3712-6559　部分不可

目黑區下目黑3-4-4／9:00～17:00／境內自由參觀／東急目黑線不動前站，步行13分鐘／無休／P無

ROUTE

START 東急目黒線 不動前駅 ← 13分 900m ← 一 蟠龍寺 ← 4分 280m ← 二 瀧泉寺（目黒不動尊）← 11分 800m ← 三 大圓寺 ← 14分 900m ← 四 妙圓寺 ← 7分 500m ← 五 瑞聖寺 ← 10分 750m ← 六 覚林寺 ← 6分 400m ← 東京Metro 南北線 白金高輪駅 GOAL!

二、瀧泉寺（目黒不動尊）

→P.74

❶ 惠比壽神御朱印，需至不動堂的寺務所求取。（500 日圓）
❷ 參拜時，建議以寫著「惠比壽神」的紅色旗幟為標的物。惠比壽堂前方有惠比壽神鎮座。

香火鼎盛的不動明王
惠比壽堂亦不容錯過

這條從江戶時代流傳下來的七福神巡禮路線，據說是為了從江戶城前往不動堂而設立的。惠比壽堂位於不動堂境內，供奉大黑天與辯財天，且對面有公車站，可別錯過了。

不動明王也要參拜！

除了潑水不動明王，需要爬段樓梯的大本殿也要記得參拜！（P.74）

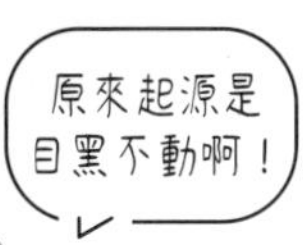

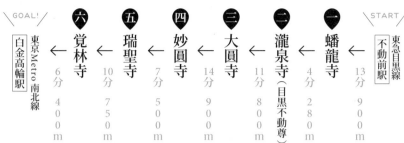

三、大圓寺（だいえんじ）

位於江戸城的裏鬼門 奉拜江戸三大大黑天

大圓寺曾是眾多僧侶修行悟道的聖地，座落在江戶城的裏鬼門，與小石川的福聚院（文京區）及谷中的護國院（台東區），並稱為江戶三大大黑天。

下目黑 TEL 03-3491-2793

目黑區下目黑 1-8-5／8:00～18:00（10～5月，～17:00）／境內自由參觀／JR 山手線目黑站，徒步 3 分鐘／無休／3 台

部分不可

❶ 進入山門後，出現在眼前的是大黑天。
❷ 押印大黑天小鎚子的御朱印。（500 日圓）

巡禮 POINT

歌川廣重在《江戶名所百景》中，曾描繪太鼓橋。在當時是罕見的石造橋，現已改成水泥橋。

四、妙圓寺（みょうえんじ）

在大樓林立的街道上 讓人忘卻喧囂的寺院

江戶末期出版的《江戶名所圖會》中，曾介紹的這座古剎裡奉拜著福祿壽和壽老人這兩尊神像。每年僅1月1日～7日御開帳，讓信眾得以瞻仰神尊風采。

妙見堂內的正中央，供奉妙見大菩薩像，左側是福祿壽，右側是壽老人。同一張御朱印上，還會寫著這兩尊佛的尊號。（500 日圓）

白金台 TEL 03-3441-3593

港區白金台 3-17-5／9:00～17:00／境內自由參觀／無休／東京地下鐵南北線白金台站，步行 5 分鐘／無休／P 無

❷

❹

❸

五、瑞聖寺

❶

面惡心善的布袋尊！氣勢磅礴，功德最強

莊嚴的布袋尊像安置在本殿右側，連同底座約高1m。傳聞佛像已有3百年歷史，容貌略顯嚴肅。不少人慕名而來，為求夫妻和睦、生活富足。

❶ 繪製布袋圖案的御朱印中，承載著人們的感恩與慈悲情懷。（500 日圓）❷ 布袋尊像於本殿右側 ❸ 本殿的兩側有鯱的雕像 ❹ 隈研吾設計的庫裡（七堂伽藍之一，相當於廚房）亦值得一看。

白金台 TEL 03-3443-5525

港區白金台 3-2-19／10:00～16:00／境內自由參觀／東京地鐵南北線白金台站，步行 1 分／無休／P 無

六、覚林寺

向加藤清正＆毘沙門天祈求最強的勝利運勢！

奉拜戰國武將加藤清正的寺院。可以祈願授予「取得勝利」的護身符，亦可向毘沙門天祈求勝利及開運。

寺內玻璃窗上裝飾著加藤家的家紋，是虔誠粉絲必訪之處。御朱印可於本殿右側的寺務所求取。（500 日圓）

白金台 TEL 03-3441-9379

港區白金台 1-1-47／10:00～17:00／境內自由參觀／東京地鐵南北線白金高輪站，步行 6 分／無休／P 無

七福神巡禮

日本橋七福神

御朱印之旅

七福神信仰的起源，可追溯至室町時代。而日本橋七福神巡禮的參拜地點，皆為神社，而且距離相近，可在短時間內走完全程。

日本橋七福神的朝聖路線，穿梭於充滿江戶下町風情的日本橋通，及人形町通等繁華地區。朝聖時，不妨順便授予圖案與御朱印相同的簽名板（2500 日圓），以及內含七福神神像的寶船（5000 日圓）。

巡 → 禮 POINT

簽名板和寶船每年限量授予。只要集滿七福神御朱印，即可在各神社授予。請一定要記得帶御朱印帳喔！

一、椙森神社（すぎのもりじんじゃ）

曾出現於《江戶名所圖會》悠久神社奉拜的惠比壽神

創建超過千年，江戶時代被列為「江戶三森」之一。不僅深得平民百姓的崇拜，也受到各大名的信仰。江戶時代曾販售富籤，至今仍留有富塚作為紀念。

傳聞五社稻荷大神中的大己貴大神曾降下神諭，促使人們開始供奉惠比壽大神。惠比壽神的御朱印，可於社殿右側的授與所求取。（500 日圓）

堀留町 TEL 03-3661-5462

中央區日本橋堀留町 1-10-2／境內自由參拜／東京地下鐵日比谷線小傳馬町站，步行 5 分鐘／無休／P 無

部分不可

※ 黃底標示，請參考 P252〔注 31〕

ROUTE

START 東京Metro比谷線 小伝馬町駅 ← 5分 350m ← 一 椙森神社 ← 11分 750m ← 二 笠間稲荷神社 東京別社 ← 3分 240m ← 三 末廣神社 ← 4分 290m ← 四 松島神社 ← 3分 230m ← 五 水天宮 ← 3分 220m ← 六 茶ノ木神社 ← 5分 400m ← 七 小網神社 ← 6分 450m ← 東京Metro半蔵門線 水天宮前駅 GOAL!

二、笠間稲荷神社東京別社

笠（かさ）間（ま）稲荷（いなり）神（じん）社（じゃ）東（とう）京（きょう）別（べっ）社（しゃ）

日本橋魚河岸守護神
日本三大稻荷的分靈

江戶時代，笠間藩主牧野家從茨城縣笠間稻荷神社別社，勸請分靈至此奉拜，是日本橋魚河岸（現日本橋本町 1 丁目）的守護神，深受商人和百姓的信仰。

壽老神（即壽老人）能為參拜者開拓命運，引導人們走向幸福美滿的人生。（御朱印 500 日圓）

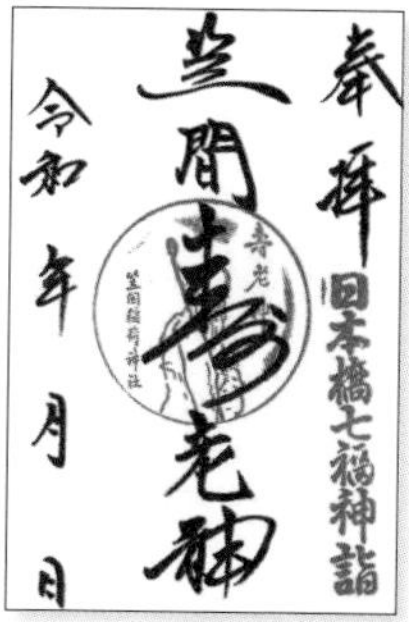

濱町 TEL 03-3666-7498

中央區日本橋濱町 2-11-6 ／境內自由參觀／從東京地下鐵日比谷線人形町站步行 5 分鐘／無休／ P 無

疾病痊癒、驅逐厄運、提升財運
為眾生帶來福報的毘沙門天神

三、末廣神社

末（すえ）廣（ひろ）神（じん）社（じゃ）

末廣神社自古坐鎮於此，為當地的氏神。毘沙門天以增強運勢而聞名，而末廣神社則以鎮壓瘟神、驅逐厄運、提升財運、福德繁榮等功德利益，深受人們信仰。

延寶3年（1675），修復社殿時，發現了一把象徵吉兆的折扇「末廣扇」，便以此命名。（御朱印500日圓）

人形町 TEL 03-3667-4250

中央區日本橋人形町 2-25-20 ／境內自由參觀／東京地下鐵日比谷線人形町站，步行 3 分鐘／無休／ P 無

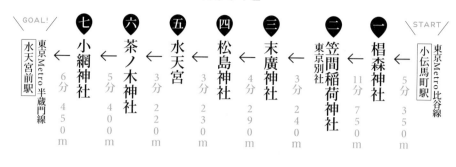

四、松島神社

位於大樓角落的小神社
亙古情懷濃厚的神殿

據說松島神社就建立在飄浮於大海的一座小島上。每晚出海時，漁夫會以神社的燈火為指標航行。祭拜的神明多達14尊。

現在神社位於大樓的 1 樓，主祭神是傳說中建立國家的大國神。（御朱印 500 日圓）

人形町 TEL 03-3669-0479
中央區日本橋人形町 2-15-2 ／境內自由參觀／東京地下鐵半藏門線水天宮前站，步行 2 分鐘／無休／ P 無
部分不可

五、水天宮

❷

❶

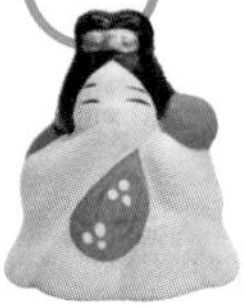

傳遞江戶心靈的都會神社
向寶生辯財天祈求才藝及財運

能夠祈求提升藝能、才藝、學業及財運的能量場所。久留米藩（今福岡縣久留米市）第九代藩主，在參加寶生流能樂技藝時，曾到此祈願並獲勝，自此之後便稱為「寶生辯財天」。

❸

❶ 雕刻美麗的本殿，亦可祈求順產及身體健康。
❷ 寶生辯財天。平常大門深鎖。
❸ 寶生辯財天的金色御朱印。（500 日圓）

蠣殼町 TEL 03-3666-7195
中央區日本橋蠣殼町 2-4-1 ／境內自由參觀／東京地下鐵半藏門線水天宮前站，步行 2 分鐘／無休／ P 無

巡→禮 POINT

附近有許多人形燒店，是當地的老街特產，巡禮時一定要順路經過。除了當作伴手禮，有的店家還會提供現烤現吃的人形燒。

六、茶ノ木（ちゃのき）神社（じんじゃ）（茶之木神社）

現今依舊深受當地人愛戴
昔日大老堀田家的守護神

江戶時代，下總國佐倉藩的城主，同時也是德川幕府大老的堀田家居住在上屋敷（即藩主與其妻的居所），而此神社就是上屋敷奉拜的守護神。及至今日，依舊深受當地居民喜愛。

過去此處草皮及茶樹環繞，故以「茶之木」為神社名。僅有已押印書寫的御朱印紙，需至末廣神社求取（P.131）。

人形町 TEL 無

中央區日本橋人形町 1-12-10／境內自由參觀／東京地下鐵半藏門線水天宮前站，步行 1 分鐘／無休／P 無

七、小網（こあみ）神社（じんじゃ）

❷

❶

❸

❶ 境內左側是福祿壽 ❷ 參拜順序要好好遵守 ❸ 拜殿呈現雕刻之美，圖中的雕刻為昇龍 ❹ 福祿壽御朱印 500 日圓。

❹

為平息瘟疫而鎮座的神明
祈求健康長壽之神福祿壽

就連平日參拜的人也絡繹不絕、香火十分鼎盛的神社。文正元年（1466）以鎮定瘟疫之神鎮座於此。無論日本國內外，皆受信徒敬奉，是好運連連、解除厄運的神明。

小網町 TEL 03-3668-1080

中央區日本橋人形町 1-12-10／境內自由參觀／東京地下鐵半藏門線水天宮前站，步行 6 分鐘／無休／P 無

部分不可

按區域朝聖

澀谷區

御朱印之旅

時尚的發源地澀谷和原宿地區，有一些鮮為人知的神社寺院。就讓我們前往澀谷區，去發現新的魅力吧！

ROUTE

JR 澀谷駅 ← 14分 950m ← 一 渋谷 氷川神社 ← 19分 1.3km ← 二 宮益御嶽神社 ← 9分 700m ← 三 穏田神社 ← 15分 1km ← 四 東郷神社

← 14分 1km ← 五 鳩森八幡神社 ← 21分 1.5km ← 六 平田神社 ← 10分 700m ← 七 明治神宮 ← 19分 1.4km ← 八 代々木八幡宮

一、渋谷（しぶや）氷川神社（ひかわじんじゃ）

位於澀谷站及惠比壽站之間的神社。每月 15 日的「良緣之日」有「結緣祈願祭」，可以授予結緣御朱印（500 日圓）。

以締結姻緣聞名！澀谷地區最古老的神社

相傳創立於日本武尊東征之際，是澀谷地區最古老的神社。境內仍保留江戶郊外三大相撲之一的金王相撲場遺跡。每月更換的御朱印頗有人氣。

東 TEL 03-3407-7534

澀谷區東 2-5-6／境內自由參觀／JR 各線澀谷站，步行 15 分鐘／無休／P 無

部分不可

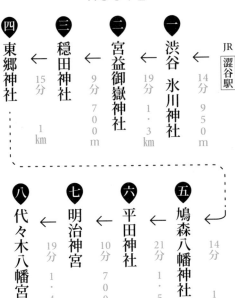

二、宮益御嶽神社（みやますみたけじんじゃ）

澀谷區唯一境內有狛狼守護的神社。御朱印上則有日本狼的圖案（300 日圓），可在本殿左側的社務處領授。

澀谷 TEL 03-3407-7722

澀谷區澀谷 1-12-16／7:00～19:00（社務所 9:30～16:30）／境內自由參觀／JR 各線澀谷站，步行 2 分鐘／無休／P 無

日本狼當狛犬守護 成為町名由來的神社

宮益坂陡峭的樓梯上方有一座神社，亦是此坡道名稱由來。鎮座在社殿前方的雕像是日本狼。每年9月舉辦的例大祭及11月的酉市，會吸引不少人潮。

巡 → 禮 POINT

從澀谷冰川神社到宮益御嶽神社，大約 20 分鐘，是一條連綿起伏的坡道。而從宮益御嶽神社到穩田神社大約 10 分鐘，是一條平緩易行的道路。

三、穩田神社（おんでんじんじゃ）

熱戀男女必訪之神社 美貌與姻緣，功德無限！

位於澀谷和原宿之間的神社，奉祀了一對象徵整齊儀容的男女神，可祈求美顏與夫妻和睦，不少知名人士亦會前來懇請藝能提升、電影熱映等。

位於原宿貓街附近的神社。對開本的御朱印，每個月左頁的圖案都不一樣，令人格外期待（→ P.208）。

神宮前

TEL 03-3407-7036

澀谷區神宮前5-26-6／境內自由參觀（社務所10:00～16:00）／東京地下鐵各線明治神宮前站，步行5分鐘／無休（社務所週三・週四休息）／P無

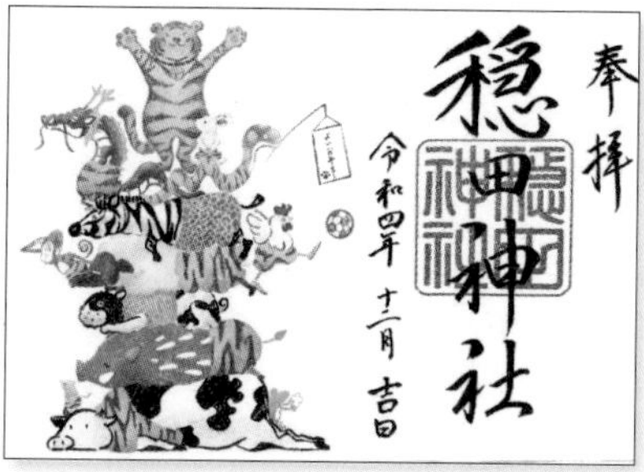

四、東郷神社（とうごうじんじゃ）

勝利之神鎮座守護
都市正中央的綠洲

為了讓海軍東鄉平八郎青史留名，應全國人民的要求及捐款，所建立的神社。主祭神東鄉平八郎命，在日俄戰爭曾帶領日本獲勝，故參拜者除了祈禱必勝，亦祈求學業順利。

神宮前 TEL 03-3403-3591

澀谷區神宮前 1-5-3／6:00～17:00（11～3 月 6:30～17:00，元旦 0:00～18:00，1 月 2．3 日 6:30～18:00）／境內自由參觀／JR 山手線原宿站，步行 3 分鐘／無休／P 有

部分不可

境內有座壯觀的本殿，還有風光明媚的池塘。御朱印字體流暢（500 日圓）。

五、鳩森八幡神社（はとのもりはちまんじんじゃ）

上有鴿子圖案的可愛御朱印。（500 日圓）

與鴿子因緣匪淺的總鎮守

因曾出現與鴿子有關的祥瑞，故神社的神籤與繪馬的圖案，大多以鴿子為主題。千駄谷的富士塚（P.124），還是東京都有形民俗文化財。

千駄谷

TEL 03-3401-1284

澀谷區千駄谷 1-1-24／9:00～17:00（社務所 9:00～17:00）／境內自由參觀／JR 總武線千駄谷站，步行 5 分鐘／無休／4 台

部分不可

六、平田神社（ひらたじんじゃ）

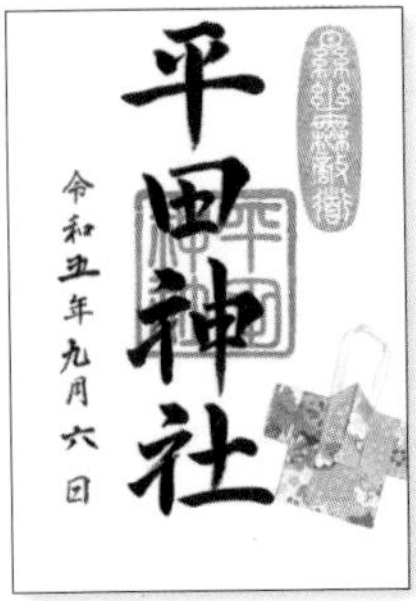

御朱印的神社名，筆跡俐落。（500 日圓）

主宰文化的學問之神

此處奉拜江戶時代的國學者平田篤胤，許多人將其視為學問之神，並特來此處祈求及第。也有模仿平田篤胤筆跡的御朱印。

代代木 TEL 03-3370-7460

澀谷區代代木 3-8-10／9:00～15:00（六日及國定假日～16:00）／境內自由參觀／JR 各線代代木站，步行 8 分鐘／無休／P 無

七、明治神宮

→P.48

御朱印可在本殿東側的授與所求取，若值正月繁忙時期會遷至他處。（500 日圓）

境內風景四季變幻，每個季節都讓人想來拜訪。

佔地面積東京第一！東京最具代表性的神社

奉祀明治天皇和昭憲皇太后，新年參拜人數日本第一的神社。境內四周環繞著一大片森林，吸引了許多人。全年有活動與各式祭典，相當豐富。

巡 → 禮 POINT

東鄉神社及代代木八幡宮附近咖啡廳、餐廳及雜貨店等商店林立。朝聖之餘，還可以稍做休憩，享受逛街的樂趣。

御朱印上押印著「八幡宮」，參拜後記得至社務所求取。（500 日圓）

八、代々木八幡宮

在歷史氛圍的境內，祈求出人頭地&生意興隆

鎌倉時代創立的神社，與源氏有關。境內的出世稻荷社，以祈求事業順利而聞名。神社全域皆被指定為繩文遺址，可看到經過復原的繩文時代住宅「縱穴型居所」。

代代木 TEL 03-3466-2012

澀谷區代々木 5-1-1／境內自由參觀／小田急線代代木八幡站，步行 5 分鐘／無休／約 10 台

部分不可

位在山手大道旁的神社，可以驅逐厄運，求得好運。境內綠意盎然，是人盡皆知的能量景點。

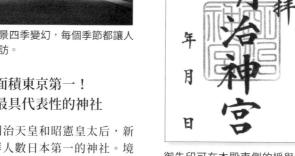

按區域朝聖

墨田區

御朱印之旅

擁有高聳入雲的東京晴空塔®以及淺草等地的墨田區，是熱門無比的觀光區。就讓我們一邊收集御朱印，一邊享受在老街悠閒觀光的樂趣吧！

ROUTE

START 地下鐵 押上站 → 8分 500m → 一 法性寺 → 26分 1.8km → 二 三輪里稻荷神社 → 21分 1.5km → 三 飛木稻荷神社 → 13分 900m → 四 高木神社 → 22分 1.5km → 五 本龍院（待乳山聖天） → 9分 600m → 六 牛嶋神社 → 38分 2.7km → 七 回向院 → 3分 210m → JR 兩國站 GOAL!

一、法性寺（ほっしょうじ）

本殿旁的客殿展示了北齋及其他知名畫家的作品。御朱印可於參拜後可在客殿求取（300日圓）。

與北齋有關的名所 別稱「開運寺」

歷史超過500年的寺院，屬日蓮宗。過去鼎鼎有名的浮世繪大師葛飾北齋，在此寺院祈禱21天後，突然雷聲陣陣，彷彿在暗示其名聲會如雷聲響徹四方，日後作品大受歡迎，此處也因而成為開運寺。

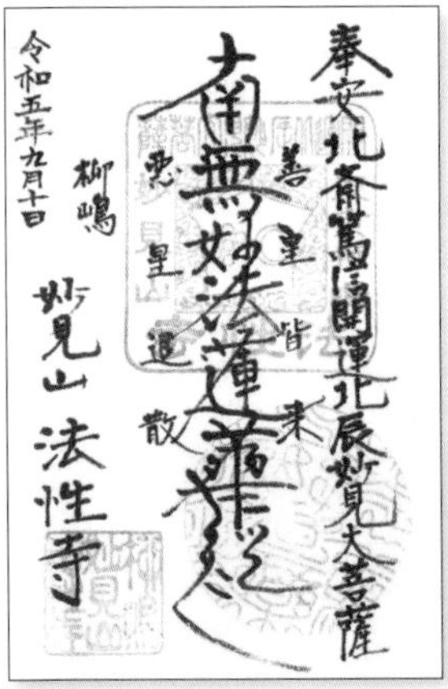

業平 TEL 03-3625-3838

墨田區業平5-7-7／境內自由參觀／東京地下鐵半藏門線押上（晴空塔前）站，步行8分鐘／無休／11台

部分不可

二、三輪里稲荷神社

蒟蒻御符是從江戶初期的慶長年間（1596～1615）一直流傳至今的神事，據說能祈求喉疾治癒。（蒟蒻御符圖案的御朱印 300 日圓）

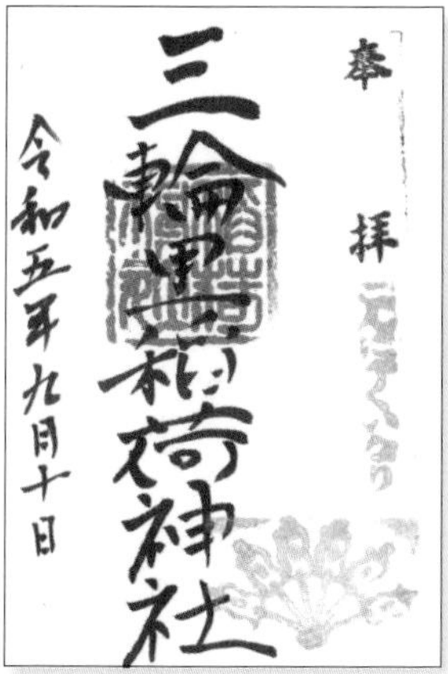

保護喉嚨、預防感冒的蒟蒻御符

以倉稻魂命為祭神，人稱「蒟蒻稻荷」的神社。在2月初午之日可授予的「蒟蒻御符」是用真正的蒟蒻製成的，據說對喉嚨有益。

八廣

墨田區八廣 3-6-13 ／ 9:00 ～ 17:00 ／境內自由參觀／京成線京成曳舟站，步行 10 分鐘／無休／ 2 台

部分不可

巡 → 禮 POINT

深受當地人喜愛的小社寺為數眾多，各有特色。漫步途中稍做停留，挖掘獨特魅力的巡拜方式，十分推薦。

三、飛木稲荷神社

彷彿守護這個地區的大銀杏，氣勢磅礡。每年的例大祭都有神轎出遊，吸引不少人潮，氣氛熱絡不已。（稻荷神圖案的御朱印，500 日圓）

奉拜墨田區最大、最古老的御神木

傳聞墨田區最大的御神木「大銀杏」（P.232），在東京大空襲時曾經保護了這個地區，人稱「替身飛木燒銀杏」。戰後幸而復活，讓生命力延續至今日。

押上 TEL 03-3611-0862

墨田區押上 2-39-6 ／境內自由參觀／東京地下鐵半藏門線押上（晴空塔前）站，步行 7 分鐘／無休／ P 無

部分不可

四、高木神社

限定御朱印每月皆不同！

創建於應仁2年（1468），是一座以淡紫色拜殿為其特色的古老神社。以締結姻緣而聞名，亦可求取以三角飯糰為造型的護身符（P.93）。此外，還有配合祭典設計的御朱印。

押上 TEL 03-3611-3459

墨田區押上 2-37-9／9:00～16:00／境內自由參觀／東武晴空塔線曳舟站，步行 5 分鐘／P 無

部分不可

出門迎接的是可祈求長壽、心想事成的大樟樹。御朱印（300 日圓），上頭押印著象徵結緣的三角飯糰。

五、本龍院（待乳山聖天）

御朱印有本尊的大聖歡喜天及毘沙門天兩種（各 500 日圓）。可沿著緩坡走到本堂。

招來好運♪ 不老富貴蘿蔔與束口袋

神社境內隨處可見象徵健康和良緣的蘿蔔，以及意指生意興隆的束口袋圖案。不僅被當地人當作「聖天神」奉拜愛戴，這片曾有神靈顯靈的土地，還拯救了不少百姓。

淺草 TEL 03-3874-2030

台東區淺草 7-4-1／6:00～16:30／境內自由參觀／東京地下鐵銀座線淺草站，步行 10 分鐘／無休／P 無

部分不可

兩尊狛牛有別於一般神社常見的狛犬，十分值得觀賞。（東京晴空塔®圖案的護身符，800 日圓／押印撫牛圖案的御朱印 500 日圓）

巡 → 禮 POINT

從牛嶋神社到回向院這條路線，可從各地方眺望東京晴空塔。春天一到，隅田公園的櫻花就會盡情綻放。此外，附近還有不少咖啡館和餐廳。

六、牛嶋神社（うしじまじんじゃ）

以撫牛和狛牛勇奪人氣 三輪鳥居也要仔細觀賞

境內有座撫牛像，傳聞身體若有不適之處，只要撫摸牛身上的相同部位，就能得到治癒。狛牛以及全國罕見的三輪鳥居（P.190）皆為其特色。

向島 TEL 03-3622-0973

墨田區向島 1-4-5／境內自由參觀／都營淺草線本所吾妻橋站，步行 3 分鐘／無休／P 無

部分不可

七、回向院（えこういん）

秉持慈悲為懷的理念 供養世間萬物

回向院位於兩國站旁，原是為了祭祀發生於1675年的明曆大火中，不幸喪生的所有人及動物而建造的佛堂。除了供養寵物，還有鼠小僧之墓。

→P.82

江戶時代曾在境內舉辦勸進相撲比賽。御朱印上的本尊名，運筆如行雲流水（500日圓）。

按路線朝聖

都電荒川線

（東京櫻花路面電車）

御朱印之旅

東京都內僅存的路面電車「都電荒川線」。沿線神社的御朱印，都會押印電車圖案，設計相當討喜。就讓我們隨著搖晃的都電，巡禮朝聖吧！

ROUTE

START 一 尾久八幡神社（宮ノ前）← 二 七社神社（飛鳥山）← 三 大塚天祖神社（大塚駅前）← 四 大鳥神社（鬼子母神前）GOAL!

巡 → 禮 POINT

在櫻花名勝飛鳥山公園及復古氛圍的商店街附近行駛的都電荒川線。建議購買 400 日圓的一日券，朝聖會更划算。

一、尾久八幡神社

緊鄰隅田川
尾久的總鎮守！

早在南北朝時代（1337～1392）之前就已建立，奉拜的是被視為農工商之神的應神天皇與末社眾神。過去曾被引用附近河水的八幡堀圍繞。每年8月都會舉行例大祭。

宮之前車站 TEL 03-3893-1535

荒川區西尾久 3-7-3／境內自由參觀／都電荒川線宮之前站旁／無休／7 台

從宮之前車站下車後，神社就在眼前，交通十分便利。繪有當季花卉的御朱印紙（500 日圓起）。

二、七社神社（ななしゃじんじゃ）

與澀澤榮一因緣匪淺的
一粒萬倍之森

神社奉拜了七位神明，以作為西原、榮町的總鎮守。附近有澀澤榮一的府宅，身為氏子與神社緣分深厚。從6月初開始到七夕這段期間，還會舉行洗淨污穢的穿茅輪儀式。

每到春天，八重櫻中的「御衣黃」就會盛開，屬珍奇品種。御朱印會押印都電及澀澤榮一的圖案（500日圓）。

飛鳥山車站 TEL 03-3910-1641

北區西原 2-11-1／境內自由參觀／都電荒川線飛鳥山站，步行 5 分鐘／無休／3 台

部分不可

三、大塚天祖神社（おおつかてんそじんじゃ）

御朱印押印的圖案是，御神木的夫妻銀杏。（500 日圓）

百姓信仰虔誠深厚
長久守護舊巢鴨村的神社

鎌倉末期，從伊勢（三重縣）皇大神宮勸請分靈到舊巢鴨村為起源。境內有一隻哺育幼犬的狛犬，氛圍祥和。

大塚站前站 TEL 03-3983-2322

豐島區南大塚 3-49-1／境內自由參觀／都電荒川線大塚站前站，步行 3 分鐘／無休／P 無

部分不可

四、大鳥神社（おおとりじんじゃ）

正月及酉市等活動還會推出限定版的御朱印。（500 日圓）

惠比壽神也有奉祀！
雜司谷的「御酉神」

江戶時代，從出雲大社的攝社、伊奈西波岐神社勸請鷺大明神的分靈，以消除瘟疫為其起源。通常於11月舉辦酉市。

鬼子母神前站 TEL 03-3971-6034

豐島區雜司谷 3-20-14／境內自由參觀／都電荒川線鬼子母神前站，步行 2 分鐘／無休／P 無

部分不可

按路線朝聖

世田谷線

御朱印之旅

東急世田谷線是一條從三軒茶屋站到下高井戶站、行經寧靜住宅區的地方路線。傳統的商店街上，到處都是新穎的咖啡館和雜貨店。

一、教学院（目青不動尊）

在大樹守護之下的五色不動明王之一

境內百年老樹環繞，氣氛十分寧靜。奉拜的是以五行思想為理念的五色不動之一，目青不動明王。（御朱印300日圓）

三軒茶屋站 TEL 03-3419-0108

世田谷區太子堂4-15-1／8:00～17:00／境內自由參觀／東急世田谷線三軒茶屋站，步行1分鐘／無休／P無

部分不可

二、太子堂八幡神社

三軒茶屋的能量景點 美麗的限定朱印

奉祀八幡大神的神社。據說源賴義和義家父子曾來此祈禱戰勝，因此百姓深信祈求就能如願以償。獨特的御朱印頗有人氣（500日圓）。

西太子堂站 TEL 03-3411-0753

世田谷區太子堂5-23-5／5:30～19:00／境內自由參觀／東急世田谷線西太子堂站，步行約5分鐘／無休／2台

部分不可

ROUTE

START

三軒茶屋 → 一 教学院（目青不動尊） → 西太子堂 → 二 太子堂八幡神社 → 若林 → 三 駒留八幡神社

巡禮 POINT

世田谷線有些車站是在車內購票（交通IC卡可），故要多加注意。當日有效的一日券「世田谷線散策券」380日圓，若能善用會更方便。

三、駒留八幡神社（こまどめはちまんじんじゃ）

悲傷的側室傳說
領主信仰的八幡大神

傳聞建於鎌倉時代的神社。冠上地名的「上馬駒留八幡神社」，是世田谷百景之一。境內的常盤辯財天，流傳著悲傷的傳說，講述世田谷城主的側室，因遭受不貞之疑雲而自盡。

在尋找土地以勸請八幡大神的分靈時，據說當時領主直接在馬兒停留的地方建立神社。（御朱印 300 日圓）

若林站 TEL 03-3410-5933

世田谷區上馬 5-35-3／境內自由參觀／東急世田谷線若林站，步行 10 分鐘／無休（社務所不定期休息／P 無

部分不可

四、松陰神社（しょういんじんじゃ）

在政治事件安政大獄中，被判死刑的長州藩武士吉田松陰之墓，就在神社境內。（簡潔的御朱印 500 日圓）

以江戶後期思想家為祭神
與學問息息相關的神社

神社奉拜的是推崇及宣揚明治維新思想的吉田松陰。除了松陰的墓之外，境內還有仿照其主辦的私塾「松下村塾」而建造的建築物。

松陰神社前站

TEL 03-3421-4834

世田谷區若林 4-35-1 ／ 7:00 ～ 17:00 ／境內自由／東急世田谷線松陰神社前站，步行 3 分鐘／無休／ 20 台

部分不可

← 松陰神社前 四 松陰神社 ← 世田谷 五 円光院 ← 上町 六 世田谷八幡宮 ← 宮の坂 七 豪徳寺 ← 山下 八 赤堤六所神社 ← 松原 九 菅原神社 ← 下高井戸

GOAL!

五、円光院

本為當地教育之地，因城主理念而創建

室町末期，由比叡山的僧侶盛尊和尚創建，是世田谷城主吉良的祈願所。以白色為主調的優雅本堂，展現近代風格，旁邊為真言宗始祖弘法大師像。

玉川八十八所靈場，以及世田谷三十三所觀音靈場的札所。（御朱印 300 日圓）

世田谷站 TEL 03-3420-0706

世田谷區世田谷 4-7-12／境內自由參觀／東急世田谷線世田谷站，步行 1 分鐘／無休／P 無

部分不可

六、世田谷八幡宮

江戶相撲三大名所 向勝利之神祈禱吧！

源義家戰勝返鄉時，在世田谷因遇豪雨而受困數十天。相傳當時他感受到八幡神的庇護，因而舉辦奉祝相撲慶賀，這就是該神社的起源。現在神社依舊會在境內的土俵上，舉行奉納相撲。

神社境內有一個壯觀的土俵，在江戶時代曾以三大相撲之地而聞名。御朱印還會押印相撲選手的圖案。

巡 → 禮 POINT

附近有世田谷城遺址「世田谷城阯公園」，是一條綠意盎然的散步道。一邊漫步到公園，一邊遙想世田谷的歷史也不錯。

宮之坂站 TEL 03-3429-1732

世田谷區宮之坂 1-23-20／境內自由參觀／東急世田谷線宮之坂站，步行 2 分鐘／無休／15 台

部分不可

※ 黃底標示，請參考 P252〔注 32．注 33〕

七、豪德寺

寬敞的境內隨處都是觀賞點，還有欣賞櫻花的景點，建議配合季節來訪。（本尊名號的御朱印 300 日圓）

井伊家的菩提寺
無數招財貓排列！

彥根藩主井伊家的菩提寺，井伊直弼與歷代藩主的墓地都在此處，是政府指定的國家史跡。供奉許多招財貓的招福殿，讓祈求開運招財的信徒絡繹不絕。

宮之坂站 TEL 03-3426-1437

世田谷區豪德寺 2-24-7 ／ 6:00 ～ 18:00（9 月下旬～ 3 月中旬 6:00 ～ 17:00）／境內自由參觀／東急世田谷線宮之坂站，步行 5 分鐘／無休／約 10 台

部分不可

八、赤堤六所神社

樹木蓊鬱的境內，令身心都療癒。（御朱印 300 日圓）

從府中奉遷的大國魂命

傳聞是平貞盛的後代服部貞殷，勸請當今大國魂神社（P.52）的分靈至此奉拜為起源。紅色的拜殿和氣勢磅礴的狛犬，迎接著參拜者。

松原站 TEL 03-3321-5396

世田谷區赤堤 2-25-2 ／境內自由參觀／東急世田谷線松原站，步行 3 分鐘／無休／ P 無

部分不可

九、菅原神社

每逢考季就會人聲鼎沸。（御朱印 300 日圓）

世田谷的天神

在開設寺子屋之地奉拜學問之神菅原道真、尊崇天神信仰的神社，境內有上牛像、梅樹及辯天池。

下高井戶站 TEL 03-3321-6665

世田谷區松原 3-20-16 ／境內自由參觀／東急世田谷線下高井戶站，步行 7 分鐘／無休／約 6 台

部分不可

GO SHUIN

宛如藝術的御朱印

宛如工藝、充滿藝術氣息的御朱印，
隨處都可授予，每次參拜都會想要求取。

噴筆

採用「噴槍」將墨水噴成霧狀，創造出獨一無二、精美圖案的御朱印。

佔據御朱印帳整整四個頁面的巨龍圖，魄力十足！黑金色調的搭配更顯奢華。（2000 日圓～）

一龍院 →P.207

色彩繽紛的御朱印十分精美，甚至有人將其當作掛軸來收藏。神社還會推出期間限定的款式，值得期待。（2000 日圓～）

一龍院 →P.207

剪紙

採用剪紙技法，細膩呈現出祭神與本尊的御朱印，以御朱印帳的對開尺寸居多。

田無神社

→P.178

以五色龍為圖案的御朱印，色彩繽紛、氣勢磅礴。出自小出蒐的設計。（1500 日圓）

田無神社

→P.178

居住在西東京市的剪紙家小出蒐的精心設計。（1500 日圓）

源覺寺

→P.240

為紀念開山 400 周年而製作的御朱印，以閻魔王的剪紙圖案為特色，還有千手觀音。（800 日圓）

五百羅漢寺

→P.164

羅怙羅尊的御朱印，是令和 5 年（2023）限定版。每年都會推出新設計。（1000 日圓）

立體

佛祖跳出來了！
最新科技的3D御朱印。

仙行寺

→P.182

這款立體御朱印，呈現出大佛飄浮在雲端上的莊嚴景象，造型精緻，可完整收納於御朱印帳中。（3000 日圓）

刺繡

一針一線、細心縫製的刺繡御朱印，更顯珍貴！

靖國神社

→P.56

採用岐阜縣美濃市產的美濃和紙製作的御朱印，上頭繡有精緻刺繡。季節不同，圖案也會跟著改變。（1000 日圓）

位在頂樓的神社

歷經江戶、明治、大正、昭和等時代變遷，不斷發展的東京。
隨著都市更新的同時，許多神社被迫縮小規模⋯⋯

在大都會中悄然留存歷史感的神社

昭和時代高度經濟成長之後迎來的平成時代，出現了高樓大廈和商業設施。隨著都市更新的推進，許多自古就在各地守護的神社，漸漸演變出不同的樣貌。有的位在大樓之中，有的委身鎮座在高樓大廈之間⋯⋯。即使規模變小，威嚴依舊不減。

位在銀座核心地帶、於平成29年（2017）開業的GINZA SIX花園（屋頂庭園）也有神社。這是過去從名古屋進軍東京，且事業有成的和服店松坂屋創辦人，從現在的伏見稻荷神社勸請分靈到根岸之里（今東日暮里）之後，加以敬奉的神社。參拜過後，不妨順道去逛街或享用美食。

GINZA SIX 不僅有潮牌和高級名牌店，還有能樂堂。

靏護稻荷神社

中央區 TEL 03-6891-3390（代表）
中央区銀座 6-10-1／7:00～23:00／境內自由參觀／東京地下鐵各線銀座站，步行 2 分鐘／無休（依設施規定）／455 台（需收費）

◆創建：文化12年（1815），由松坂屋創業者伊藤家創立。◆祭神：靏護稻荷大明神◆參拜所需時間：10分鐘◆因GINZA SIX的開幕，故於平成29年（2017）遷至屋頂花園鎮座。

CHAPTER 5

精采之處的賞析

社寺觀看點

佛像、建築、雕刻、喫茶……

參拜之餘，樂趣無窮♪

佛像 152

雕刻 170

建築物 182

穹頂畫 192

咖啡廳 194

BUDDHA STATUE 佛

金剛寺（高幡不動）

こんごうじ

都得到不動明王的溫馨庇護

公平救濟眾生的「汗流不動明王」

此為關東三大不動之一，也是言宗智山派別格本山的寺院，以安置新選組副長土方歲三的位牌而聞名。平安初期，天台宗的第三祖慈覺大師圓仁，以高幡山為靈地，在山中建立了「不動堂」，並將不動明王安置於此，這就是本寺的起源。

境內保存了約兩萬件貴重文化財及寺寶，當中值得關注的，是名列國家重要文化財的不動三尊。這些佛像高約3公尺，重達1千1百公斤，採用的是寄木造，即接合數根木

厲害之處 ☑ 名列重要文化財的不動明王 ☑ 土方歲三

◆創建：大寶年間（701～704）以前。平安時代初期，慈覺大師圓仁奉清和天皇之命，在山中建立不動堂，以作為鎮護東關的靈場◆本尊：不動明王◆參拜所需時間：1．5個小時◆本尊的不動明王、不動堂及仁王門等，皆被指定為國家重要文化財，可欣賞到許多寺寶

戰國武將和老百姓

材製作佛像的技法。頭部與身體以檜木製成，膝部則是用紅豆杉。兩側還有童子像，模樣相當可愛。

　在足利時代（即室町時代，1336～1573）人稱「汗流不動」，並受到了鎌倉將軍及其他戰國武將的尊崇。到了江戶時代，以防火不動尊之姿，廣受百姓信仰。

日野市

TEL 042-591-0032

日野市高幡 733／境內自由參觀（奧殿・大日堂 9:00～16:00）；奧殿 300 日圓，大日堂 200 日圓／從各線高幡不動站，步行 5 分鐘／無休（奧殿・大日堂週一休館）／P 無

部分不可

佛像圖解　威嚴的不動明王旁有童子像相伴。
大日如來的表情充滿慈愛，讓人感受到治癒的能量。

❗有童子相跟隨
❗容貌充滿威嚴

〔重要文化財產〕不動三尊像

○寄木造
○平安時代
○不動堂

金剛杵與金剛杖
據說能用堅硬如金剛石的杵，粉碎令人煩悶的苦惱。

令人恐懼的表情
為眾生消除煩惱，試圖靠強大的力量救濟世人的忿怒表情。

救濟世人的繩索
能夠將邪惡心靈束縛著的枷鎖。

溫和理性的表情
守護著信仰佛教的眾生，個性平和。

❗溫順的15歲童子
〔矜羯羅童子〕
在梵語中意指「詢問應該做什麼，並按照指令行動」。

❗洞悉一切！
〔不動明王像〕
雖然表情憤怒，卻是慈悲為懷，引導人們斬除煩惱的佛祖，也是大日如來的化身。

❗其實是邪惡的象徵？
〔制吒迦童子〕
在梵語中意指「息災、福德聚勝」。個性誠實堅毅，會表現出性惡的性格。

不動堂是東京都最古老的文化財建築物。

陶醉於美貌之中，能療癒參拜者的大日如來坐像

與不動明王像形成鮮明對比、以慈祥面容為特徵的佛像，也值得留意。大日堂（總本堂）的本尊大日如來像，是一尊高約80公分的坐像。傳聞為平安中期之作，是日野市指定的文化財。木質紋路自然顯現的柔美姿態，令人著迷不已。

別稱「高幡不動」的金剛寺，不僅擁有多數的寺寶，夜間點亮燈火的五重塔與初夏盛開的紫陽花（P.223）等觀光景點，亦是此處的特色之一。特別是仿造「四國八十八所巡禮」而建的散策道，相當地熱門，只要1個小時就能完成四國遍路巡禮。就讓我們好好感受高幡不動，看護眾生的廣大胸襟吧！

模仿平安初期建築樣式的五重塔，總高約45m。

滿懷慈愛的身姿

【日野市文化財產 大日如來像】

- ○寄木造
- ○平安中期（十世紀）
- ○大日堂

小巧纖細
整體身材修長，比例相當協調。
手印特別的智拳印
金剛界的大日如來所結的印相，左手食指豎起，以右手握之。
不同材質的腿部
頭身的材質是欅木，唯有腿部是用相對較軟的紅豆杉製成。

與此地頗有因緣的土方歲三銅像。

BUDDHA STATUE 佛

深大寺（じんだいじ）

東日本最古老！
安詳的微笑情感洋溢♡

厲害之處 ☑ 釋迦如來像 ☑ 鬼大師像

境內的四月雪（或稱流蘇樹），
最佳觀賞時機為4月底。

此山門為調布市的指定文化財，
2月時可欣賞到盛開的梅花。

無邪美麗的微笑，令人傾迷

深大寺是滿功上人在天平5年（733）創建。而平成29年（2017）納入國寶的釋迦如來像，被認為是日本美術史上的瑰寶，據說是白鳳時代（7世紀後期～8世紀初期）之作，是東日本歷史最為悠久、東京寺院唯一的國寶級古物。

這尊佛像展現了年輕少年的天真表情、優雅的坐姿，以及線條流暢的衣袍。這些也都是白鳳時代佛像的特徵，更是該時代的代表作品之一。

然而，這尊釋迦如來像在江戶時代卻長期遭人遺忘，直到明治時代，藉由東大研究助理柴田常惠的發掘，才讓這尊佛像重新得到世人關注，並與深大寺的名聲一起傳遍日本。

深大寺鄰接都立神代植物公園，門前知名的蕎麥麵店鱗次櫛比，排隊人潮絡繹不絕。儘管時光流逝，釋迦如來像依然帶著溫柔的微笑，守護眾生。

調布市

TEL 042-486-5511
調布市元町5-15-1／9:00～17:00／境內自由參觀／京王巴士深大寺，步行1分鐘／無休／P無

部分不可

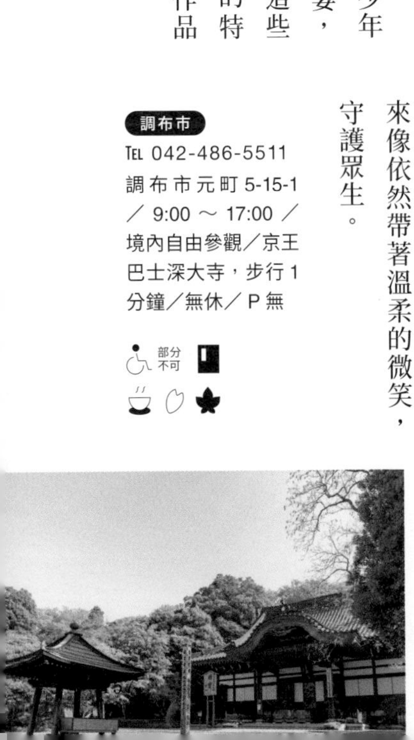

◆建立：天平5年（733），傳聞為滿功上人開山建寺。因擁有豐沛泉水，故被視為與水神有關的深沙大王之靈地◆本尊：阿彌陀如來◆參拜所需時間：30分鐘◆寺內安置國寶級的釋迦如來像，及比叡山延曆寺中興之祖「元三大師」的胎內佛，亦收藏同為秘佛的「鬼大師像」。綠意盎然的景觀，也是其魅力之一

（P156～158的照片提供者：浮岳山深大寺）

日本最大的坐像！可祈求疫病消散

木雕的慈惠大師坐像（非對外開放），以「厄除元三大師」之名廣為人知。雖採坐姿呈現，高度卻將近2公尺，以僧侶姿態的古老雕像當中，規模堪稱日本第一。人們相信作為雕像範本的慈惠大師，擁有降服惡魔的神力，而威嚴的容貌更是如同傳聞所述。

元三大師的胎內像、魄力十足的鬼大師像

僅15公分高，鬼大師像的驚人樣貌，依然令人卻步三分。這尊像是奉拜在慈惠大師坐像體內的胎內像，據說代表慈惠大師如鬼怪般的另一面。天平15年（743）曾出開帳，即迎往外地出巡，從那時起就被納為秘佛。直到令和3年（2021），為祈求疫病消退，才限定期間對信徒公開供奉。

請僧侶祈福點睛！日本最大的達磨市集

每年3月3～4日，深大寺都會舉行「厄除元三大師大祭」，還會終日舉辦「大護摩供」，即將供物投入火中作為供養的祭祀方法。儀式有求必應，往往吸引10萬多人前來參拜。此外，還有祈求大師神力的「緣起達磨市」。每逢此時，寺院境內緣起達磨店林立，只要到元三大師堂，還可請僧侶為達磨祈福點睛。

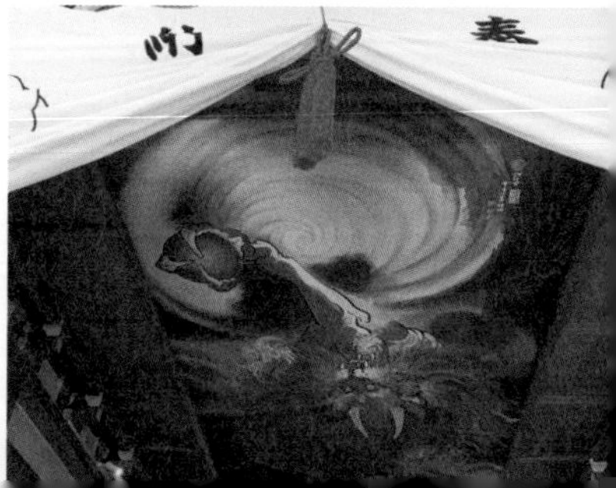

穹頂畫「紅龍」，在17日的法會結束之後，會開放參觀。

深沙大王堂，每月17日會舉辦「深沙大王供」。

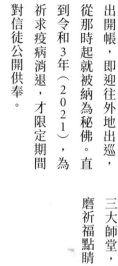

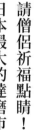

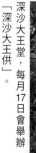

佛像圖解

飛鳥時代製作、容貌優雅的釋迦如來像。
眼力MAX的元三大師，是將近2m巨大雕像。

嘆為觀止！

國寶 釋迦如來倚像

- 以銅鑄造
- 飛鳥時代
- 釋迦堂

呈現三道的平面雕刻

頭部雕刻平滑，沒有螺旋狀的凹凸模樣。表現的是生死流轉之因果，惑道、業道與苦道，也就是所謂的三道。

溫柔的微笑

臉龐線條柔和圓潤、眼睛半開，略帶開朗的笑容，讓人感到治癒。

當時的最新技術

採用「一鑄」的技術，也就是一口氣鑄造全身、內部中空的技法。

美麗的袈裟

衣服整齊摺疊，流暢線條寫實地呈現。

抹去苦難的姿態

秘佛 慈惠大師坐像（元三大師像）

- 寄木造
- 鎌倉後期～南北朝時代
- 元三大師堂

坐像高度 2m

無論是坐像還是僧像，規模皆為日本最大。

寫實的造形表現

將不動明王化身的慈惠大師，其堅毅的表情，寫實生動地展現出來。

胎內秘藏

體內有尊鬼大師像，雖只有15公分，但氣勢十分磅礴，也是秘佛。

※ 黃底標示，請參考 P253〔注 34〕

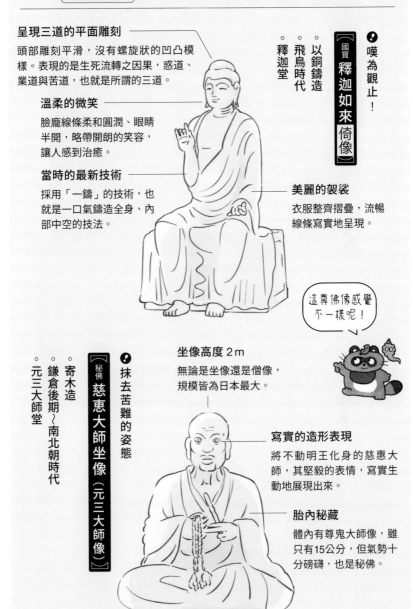

佛 BUDDHA STATUE

光源寺（駒込大觀音）

觀音菩薩腳下參拜，贏得功德4萬6千日

光源寺境內梅樹聞名遐邇，故所安置的駒込大觀音又稱為「梅之大觀音」，其模仿的是奈良長谷觀音之十一面觀音像。第一代佛像是江戶商人丸屋吉兵衛發願而造，但在東京大空襲中一度遭受焚毀，於平成5年（1993）得以復建，至今仍存在。

每年7月9日～10日，光源寺會舉辦「酸漿花千成市集（ほおずき千成り市）」。人們可在這時近距離參拜觀音。據傳在7月10日這天虔誠參拜，就能得到4萬6千日的功德。

厲害之處 ☑ 十一面觀音像 ☑ 酸漿花千成市集（鬼燈千成市集）

佛像圖解 駒込大觀音豪華絢爛、金光閃閃且五彩繽紛，是模仿奈良縣長谷寺的觀音像。

日本最大木造佛像

初代的觀音像高達8m，現為第二代佛像，高度也有6m。

表現出喜悅、願望、煩惱、痛苦、悲傷、憤怒

呈現的情感豐富，有菩薩面、瞋怒面、狗牙上出面、大笑面等。

右手握著錫杖

手持錫杖，象徵佛陀巡行六道，拯救眾生的形象。

與觀世音菩薩的靈場相連

在泥中扎根的蓮花，象徵即便身處煩惱（泥濘）之中，也能專心開悟。

十一個表情都不同

【十一面觀世音菩薩立像】

○木曾檜的寄木造
○平成5年（1993）
○觀音堂

駒込大觀音是「東京三十三觀音靈場」的第27番札所。

◆創建：天正17年（1589），當初位於神田，後於慶安元年（1648）遷至現址◆本尊：彌陀如來◆參拜所需時間：30分鐘◆現在的觀音像是第二代，於平成5年（1993）重建。每年的7月9・10日是與神佛結緣的緣日

文京區 TEL 03-3821-1188
文京區向丘 2-38-22／境內自由參觀／東京地下鐵南北線本駒込站，步行 3 分鐘／無休／P 有

部分不可

向丘、白山、本駒込地區的夏季風物詩「酸漿花千成市集」，摩肩接踵，熱鬧無比。

※ 黃底標示，請參考 P253〔注 35〕

養玉院（ようぎょくいん）（大井大佛）

五尊如來佛相遇的十字路口

佛像圖解 在電車內也能看到紅色的瑞應殿，是深受百姓喜愛的大井大佛。

庶民信仰十分虔誠

【有形文化財 五智如來】

。藥師如來為寬永12年（1635）之作

其他為延享3年（1746）之作

。寄木造　。瑞應殿

醫治疾病，祈求長壽

【藥師如來】

東方世界的教主。可拯救眾生，並遠離疾病與受傷等苦痛。

平等才是最美麗

【寶勝如來】

南方世界的教主。可創造財富，將福報帶給人們。

厲害之處 ☑ 五尊大佛

朱紅色的瑞應殿，可以入內參拜大佛（左）。據說是乘著龍來幫助世人的龍神觀音。

來自東西南北 五尊如來大集合！

五尊大佛整齊排列，包括台座在內約有6公尺高，相當壯觀。原本位於品川西大井的如來寺，於江戶初期建立，明治時代與養玉院合併後，才遷至現今的西大井。

境內漆成朱紅色的瑞應殿，安置了木造五智如來坐像，俗稱「大井大佛」。從左至右依序為北方世界的釋迦如來、西方世界的阿彌陀如來、中央世界的大日如來、南方世界的寶勝如來，以及東方世界的藥師如來。五智如來在密教中闡述的是五種智慧。

江戶時代以後，現世利益信仰盛行，現在則被視為健康及五穀豐收等功德利益，深受民眾信仰。

◆創建：寬永年間（1624～1644年）建立。明治時期，下谷的養玉院和芝高輪的如來寺，合併後遷移至現址◆本尊：阿彌陀如來◆參拜所需時間：20分鐘◆以大日如來為中心的五尊如來，總稱「五智如來」。在品川附近，還可奉拜荏原七福神中的布袋尊

品川區 TEL 03-3771-4816
品川區西大井 5-22-25／境內自由參觀／JR 各線西大井站，步行 10 分鐘／無休／10 台

眾神的中心
【大日如來】
真言密宗的教主。慈愛萬物，帶給眾生太陽的功德。

接引至極樂淨土
【阿彌陀如來】
西方世界的教主。可帶來極樂往生的功德。

克服自己
【釋迦如來】
佛教始祖。從所有的痛苦中，拯救眾生。

※ 黃底標示，請參考 P253〔注 36〕

BUDDHA STATUE 佛

五百羅漢寺（ごひゃくらかんじ）

門徒齊聚一堂的寧靜空間

說不定會找到貌似自己的羅漢像!?

3百多尊木製坐像齊整排列，這就是奉拜在天恩山五百羅漢寺的羅漢像，人稱「目黒羅漢」。羅漢是釋迦如來的弟子，而五百羅漢像則是以釋迦涅槃後，聚集而來的五百名弟子為模型。

五百羅漢寺雖曾陷入打壓佛教的「廢佛毀釋」危險之中，卻仍有305尊羅漢像保存至今。本堂重現的是，身為佛教弟子的羅漢，傾聽釋迦如來說法的場景。在這齊聚一堂的羅漢中，說不定會找到與自己相似的羅漢喔！

厲害之處 ☑ 在佛堂裡排列並坐的羅漢

佛像圖解

每尊羅漢像的表情和姿態都不一樣，而且全都是修行僧。傾耳聆聽釋迦如來講經的專注模樣，讓紊亂的思緒得到了平靜。

五百羅漢的第二百九十七尊

【義法勝尊者】

○寄木造
○不明（江戶時代以前）
○本堂・羅漢堂

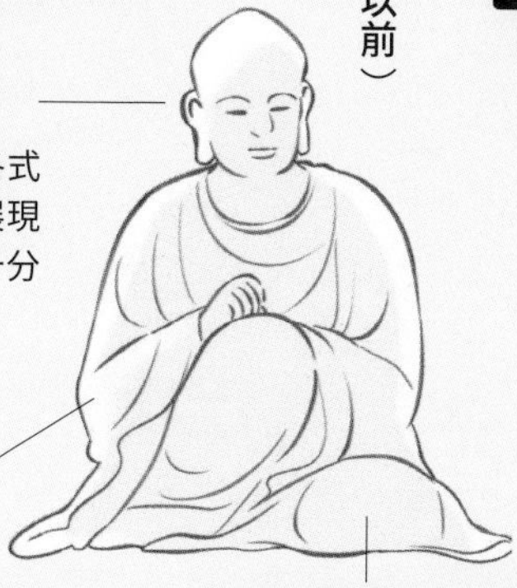

栩栩如生的表情

五百羅漢的面容各式各樣，有的甚至展現的是憤怒表情，十分逼真。

宛如修行僧的裝扮

羅漢是修行僧，裝扮會稍微樸素，與一般佛像不同。

行動派的羅漢竟然半蹲！

在傾聽釋迦如來說法時，竟然有羅漢是半蹲著，相當專心！

限量的剪紙御朱印，每年主題都不一樣，送完為止。此外，還有透明塑膠的御朱印。（1000日圓，請詳見P.149）

目黑區 TEL 03-3792-6751
目黑區下目黑 3-20-11 ／ 9:00 ～ 17:00 ／ 500 日圓／東急目黑線不動前站，步行 8 分鐘／無休／ P 無

◆創建：元祿8年（1695），在本所五目（現為江東區大島）創建。曾因明治維新而衰落，明治41年（1908）於現址重建◆本尊：釋迦如來◆參拜所需時間：30分鐘◆在第五代將軍綱吉及第八代將軍吉宗的援助之下，得以繁榮興盛的寺院，目前有305尊羅漢像安置於此

寶珠院（ほうしゅいん）

令人戰慄不已的閻羅王

德川家康亦信奉的辯財天。天安2年（858）製作，先後由貞純親王、源家、北條家及淨土宗第八祖西譽上人繼承。於家康的忌日御開帳，供信徒奉拜。

厲害之處 ☑ 開運出世大辯財天 ☑ 閻魔大王像

東京鐵塔和本堂的合照，不能錯過！

出人頭地還是下地獄 一紙定終生!?

寶珠院位於港區芝公園，周圍的盎然綠意，與東京塔的豔紅形成美麗的對比。

本尊是阿彌陀如來，亦另安置藥師如來、辯財天及閻魔大王。當中最令人印象深刻的雕像，非閻魔大王莫屬。這是貞享2年（1685）採寄木造手法雕刻而成，栩栩如生，充滿威嚴，讓人不敢直視。

閻魔大王的真面目，據說是地藏菩薩的化身，一直在觀察眾生於此世的生活方式。凡人只要參拜，當能夠重新審視自己。每年7月15日、16日是閻魔大王的緣日，閻魔堂內的地獄繪圖，與極樂繪圖會藉機開帳，供信徒觀拜。

◆創建：貞享2年（1685）◆本尊：阿彌陀如來◆參拜所需時間：20分鐘◆本尊雖為阿彌陀如來，亦安置德川家康寄贈的辯財天及閻魔大王等秘佛，境內還可看到東京鐵塔

港區 TEL 03-3431-0987
港區芝公園 4-8-55／9:30～16:30／境內自由參觀／都營地下鐵大江戶線赤羽橋站，步行 5 分鐘／無休／P 無

部分不可

地藏菩薩轉世而來的？

【港區指定有形文化財 閻魔大王 司錄・司命】
◦寄木造 ◦貞享2年（1685） ◦閻魔堂

佛像圖解

自古以來是眾生信仰對象的閻魔大王。參拜後，就能重新審視自我？

兩張臉的人頭杖
閻魔大王在審判亡者生前的罪行時，會手持人頭杖。

司錄
閻魔大王的左右手，負責將另外一邊司命大聲宣讀的罪狀寫下來。

司命
閻魔大王的得力助手，負責宣讀亡者的罪狀。

僅坐姿就有137cm高
採用寄木造手法雕刻的檜木本體，坐姿部分不含台座就有137cm。其俯瞰的眼神，格外銳利。

BUDDHA STATUE 佛

深川不動堂

通達佛教宇宙！？ 在嘆爲觀止的迴廊淨化心靈

五輪塔內部奉拜著小小的不動尊像。

不動明王的真言，以梵字寫在本堂上。

安置將近萬座的五輪塔是「深川的不動明王」

位於千葉縣成田市的大本山「成田山新勝寺」的東京別院，供奉著在歌舞伎的影響之下，信仰變得更加虔誠的不動明王。

元祿16年（1703），成田山新勝寺的本尊不動明王，因特別參拜而被敬奉到江戶，這就是深川不動堂的起源。

本堂裡安置了將近1萬座的水晶五輪塔，只要在迴廊裡行走，內心就會感到平靜。

◆創建：元祿16年（1703），在富岡八幡宮（P.38）的別當寺「永代寺」，舉辦成田不動的出開帳儀式為起源◆本尊：不動明王◆參拜所需時間：20分鐘◆進行出開帳的永代寺，在明治維新之後因神佛分離令而廢寺。明治11年（1878），勸請成田不動明王的分靈至現址奉拜，並以深川不動堂之名存續

江東區 TEL 03-3641-8288
江東區富岡1-17-13／7:30～18:00（內佛殿參拜，～17:45）／境內自由參觀／東京地下鐵東西線門前中町站，步行2分鐘／無休／P無

厲害之處 ☑ 水晶五輪塔

※ 黃底標示，請參考P253〔注37〕

BUDDHA STATUE 佛

正福寺（しょうふくじ）

治癒江戶百姓的病！地藏菩薩的家是國寶♡

相傳江戶時代的人生病時，會將地藏菩薩帶回家，若是病癒就會獻納兩尊還願。

日本僅有3棟的建築!? 必訪景點「地藏堂」

正福寺的國寶級建築「地藏堂」，採用了禪宗風格的建築方式，堂內每年僅開放3次供信徒參拜。

高約175公分的延命地藏菩薩像周圍，排列著20公分高的木雕地藏，全都是江戶時代百姓獻納的地藏菩薩，值得一訪。

與鎌倉的圓覺寺舍利殿，同為禪宗風格建築的代表性遺址，現為國寶。

東村山市 TEL 042-391-0460
東村山市野口町4-6-1／境內自由參觀（千體地藏堂：6月第2個星期日及8月8日 11:00～15:00、11月3日 10:00～16:00）／西武線各線東村山站，步行15分鐘／無休／約40台

◆創建：弘安元年（1278），傳聞由鎌倉幕府的執權者北條時宗建造◆本尊：千手千眼觀音◆參拜所需時間：15分鐘◆國寶千體地藏堂內部，每年僅於6、8、11月對外開放3次

厲害之處 ☑ 國寶級的千體地藏堂

雕

SCULPTURE

題經寺（柴又帝釋天）

だいきょうじ

出自無數雕刻師之手　精緻雕飾琳瑯滿目！

題經寺的柴又帝釋天，雕工巧琢天工，引人注目。參道盡頭有扇厚重的雙天門，門上的雕刻出自名匠加藤勘造一族之手。

境內的佛堂皆是雕梁畫棟，特別是帝釋堂外側的十片胴羽目（護牆板），氣勢磅礴令人屏息。這些胴羽目採用了傳統雕刻技法，由加藤勘造之子寅之助等雕刻師操手，呈現出「法華經講話」的場景，花費了十年苦心才完成，值得一看。

厲害之處　☑法華經的教義　☑加藤勘造

◆創建：寬永6年（1629）◆本尊：大曼荼羅◆參拜所需時間：1.5個小時 ◆作為中山法華經寺（現千葉縣市川市），由第19世禪那院日忠上人之弟子開山，也是國民電影《男人真命苦》及夏目漱石作品《彼岸過迄》之故事舞台

葛飾區 TEL 03-3657-2886
葛飾區柴又 7-10-3 ／ 5:00 ～ 20:00（雕刻藝廊、邃溪園 9:00 ～ 16:00）／境內自由參觀（雕刻藝廊、邃溪園，共通卷 400 日圓）／京成金町線柴又站，步行 3 分鐘／無休／ P 無

部分不可

匠心獨具的雕刻之美，令人留連忘返、醉心不已！

雕刻圖解

觀賞名雕刻師精心雕琢的法華經講話作品，
而胴羽目雕刻的原形作品，就在大客殿。

塔供養圖

信仰法雨，合掌向佛的修行者。
雕刻：金子光清

三車火宅圖

將充滿痛苦的世界，比喻成一間燃燒的房子。
雕刻：木嶋江運

一雨等潤圖

解釋佛祖慈悲，以及各種救濟行動之章節。
雕刻：石川信光

法師修行圖

在學習法華經的信徒面前，騎著六牙白象現身的菩薩。
雕刻：横谷光一

病即消滅圖

闡述法華經是閻浮堤（現世）不老不死之藥。
雕刻：今關光次

法師守護圖

傳聞學習法華經的人，會受到眾神明的守護。
雕刻：加藤寅之助

※ 黃底標示，請參考 P253〔注 38〕

大鐘楼

號稱關東第一的大鐘樓，高約15m，全櫸木雕飾而成。

彫刻ギャラリー（雕刻藝廊）

可近距離觀賞圍繞帝釋堂外牆裝飾的10幅胴羽目雕刻作品，包括P.172介紹的6件作品，及未在此處提及的4件作品。

遼渓園

大客殿前方，是以水池為中心而建造的池泉式庭園。雖然無法入內觀賞，但可憑庭園、雕塑畫廊之套票進場，從周圍的走廊欣賞庭園景致。

二天門

明治29年（1896）所落成的佛寺之門，採入母屋造，即歇山頂建築樣式。傳聞為江戶最後名匠坂田留吉之作。

順路去看看!!

帝釋天参道

參道的商家，也千萬不能錯過！

以《男人真命苦》主角寅次郎的老家，而打響名聲的商店街。洋溢老街風情的參道上，到處都是販賣艾草丸子的商家及餐廳。

雕
SCULPTURE

築地本願寺（つきじほんがんじ）

幻獸鐫刻遍佈！異彩紛呈的佛教寺院

線條圓潤的屋頂與石造風格的外觀，讓築地本願寺散發出一股異國風情。這棟採取古印度樣式的建築物，與眾人印象中的日本寺院迥然不同。

本堂內部的參拜空間寬敞無比，中央正面安置著本尊阿彌陀如來，讓傳統的淨土真宗寺院的建築樣式，巧妙地融合和洋文化元素。

另外，入口處的彩繪玻璃及境內各種珍獸雕像，亦是值得參觀的景點。

厲害之處 ☑ 古印度風格的建築樣式 ☑ 東西融合

◆創建：元和3年（1617），於現日本橋横山町的東日本橋建立。曾因明曆大火全數燒毀，之後在現址重建。大正12年（1923）本堂在關東大地震中慘遭祝融，直到昭和9年（1934）才呈現當今本殿的模樣◆本尊：阿彌陀如來◆參拜所需時間：1個小時

中央區 TEL 0120-792-048

中央區築地 3-15-1 ／ 6:00 ～ 16:00 左右（傍晚信徒參拜結束後即關門）／境內自由參觀／東京地下鐵日比谷線築地站，步行 1 分鐘／無休／約 50 台

部分不可

本堂

昭和9年（1934），由建築師伊東忠太設計重建，融合和洋建築樣式的獨特空間，廣闊無比。平成26年（2014），石牆和三門門柱，紛紛名列國家重要文化財產。

西方風格的彩繪玻璃

本堂入口上方，裝飾著色彩繽紛的彩繪玻璃，描繪的是象徵佛教的蓮花。陽光普照時來訪，會更加美麗。

管風琴

昭和45年（1970），為推廣佛教音樂而受贈的樂器。每逢法會或其他活動，將近2千臺的管風琴，便會演奏出莊嚴的音色。每個月的最後1個星期五，還會舉辦午餐音樂會。

隱藏推薦

築地本願寺內的和Cafe Tsumugi

可一邊欣賞本堂及境內風景，一邊用餐。除了「十八膳菜早餐」，午餐和日式甜點的選擇亦相當豐富。（P.198）

參拜紀念卡

放置在本堂入口處的卡片。每個月都會推出不同圖案，集滿12張並拿到寺務所，就能獲贈參拜紀念品。

雕刻圖解 出自東京帝國大學（現東京大學）名譽教授，同時也是建築史家伊東忠太博士之手的建築與幻獸。

本堂兩側階梯旁！

牛

牛在佛教中是神聖的交通工具。這尊牛像位於本堂右側，樓梯扶手的支柱處。

孔雀

佛經中出現的孔雀，象徵著坦率，亦即不掩飾任何事，坦露內心的態度。

獅子

與馬並立的獅子像，和狛犬同為神聖的動物，而且與佛教有著深厚的關係。

馬

沿著孔雀雕飾的樓梯而下，會看見栩栩如生的馬像，彷彿隨時會起身奔跑。

象

象在佛教中是崇高的生物，走到一樓便可看到雕像，溫柔表情令人印象深刻。

猿

樓梯中途的牆壁上，有兩隻彷彿爬在樹上俯瞰的猴子雕像，姿態生動無比。

有雙翼的獅子像

化身為擁有翅膀的獅子，守護著本堂，並鎮座於本堂入口階梯下的左右方。

古印度風格的建築

採用印度等亞洲古代佛教建築風格的本堂，洋溢著異國風情。

雕
SCULPTURE

田無神社（たなしじんじゃ）

五尊龍神居住的
文化財產寶庫！

厲害之處 ☑ 嶋村俊表的雕塑 ☑ 五龍神

在開放的神社中，驅逐厄運、化解凶位

鎌倉時代以來，田無神社便奉拜能驅除厄運的「風神」，及象徵生命的「水神」。

境內值得矚目的焦點有兩個：第一個是雕塑；拜殿內有氣勢磅礴的雕刻，而位在拜殿後方的本殿（P.181）則是精美絕倫的鏤刻。第二個是境內各處奉拜的龍神；基於五行思想供奉的五龍神，據說只要一一參拜，便可化解凶位。

夏季舉辦的「七夕晴天隧道（七夕てるてるトンネル）」（P.229）亦值得一訪。

不能錯過!!!

仔細觀察守護方位的龍神！

在方位學中，宇宙由五個元素所組成，而五行思想就是基於這種觀念而形成。

田無神社遵循五行思想，由金龍神守護本殿，青龍神守護東方，紅龍神守護南方，白龍神守護西方，黑龍神守護北方。

青龍

象徵春天的東方守護神。好比在春天長出的新芽，引導人們發展和成長。

白龍

象徵秋天的西方守護神，負責掌管金屬。彷彿挖掘礦脈般，引導人們豐富收穫。

西東京市 TEL 042-461-4442

西東京市田無町 3-7-4／境內自由參觀／西武新宿線田無站，步行 6 分鐘／無休／40 台

部分不可

◆創建：鎌倉時期（13世紀），以創建於田無北部的谷戶地區的宮山為起源◆祭神：級津彥命、級戶邊命、大國主命◆參拜所需時間：40分鐘◆本殿鏤刻為江戶著名工藝師嶋村俊表之作，平時不開放；而隨時可參觀的拜殿雕刻，亦美不勝收

楠木正成公像

活躍於鎌倉～南北朝時代的名將，其後代子孫守護了此地，因而被雕刻成石像。戰時石像被削下製成護身符而出征的故事，至今仍為人津津樂道。

拜殿

明治8年（1875），由當地的木工興建。繼承江戶精湛技術的出色雕刻遍佈神社各處，與本殿同為東京都指定文化財。

野分初稻荷神社

奉拜的是被尊為穀物及食物之神的御饌津神，可求生意興隆、開運招福，同時也是守護家屋的神明，信仰相當多元。

ご神木（銀杏の木）

神社境內有5棵御神木，其中象徵金龍的是最大的巨木，據說是天保13年～嘉永3年（1842～1850）種植的大銀杏。

隱藏推薦

每種顏色都想收集！

新五龍神籤 →P.60

龍神可愛的模樣，宛如吉祥物。還根據本身顏色來命名。（各500日圓）

精緻無比的藝術品

剪紙御朱印 →P.149

展現龍神活躍姿態的剪紙御朱印。有黑白及彩色兩種，尺寸剛好可夾在御朱印帳內。

讓運氣隨著悠久的祭典攀升

七夕放晴隧道 →P.229

祈禱五穀豐饒的夏季祭典。運用與龍神同色系的長條紙，排列而成的隧道，一定要拍照留念。

雕刻圖解

江戶幕府公認！第八代神社佛閣雕刻家
嶋村俊表為大家解說雕塑之美。

飛龍

在連接柱子與柱子的「繫虹梁」上雕刻龍神，其栩栩如生的模樣，充滿了活力，彷彿隨時會飛舞而去。

養老孝子圖

本殿正面的日本傳說故事。描述貧窮的孝子為了嗜酒的老父親辛苦工作，結果發現酒之瀑布（泉）的故事。

大舜圖

本殿東側的中國傳說故事。描述皇帝堯看上德高望重的舜，想將帝位禪讓的故事。

本殿

以名匠左甚五郎為祖，同時也是江戶幕府公認的社寺雕刻名門，嶋村家第八代的嶋村俊表負責的雕刻。經手的作品共有147件，平時不對外開放。

姜詩圖

位在本殿北側。其雕刻的主題，為某位貴人遇見了中國二十四孝之一的姜詩，泉水紛湧而出的場景。

楊香圖

位在本殿西側。描述女孩展現勇氣和孝心，拯救父親免受老虎攻擊。作品呈現出犧牲自我，保護父親的模樣。

麒麟

在本殿兩面底部的腰組（女兒牆或檐牆）上，雕刻出中國神話中的神獸「麒麟」，其通常與鳳凰成對。

建
ARCHITECTURE

仙行寺（せんぎょうじ）

位在大都會中心
能搭電梯上樓的山寺

厲害之處 ☑ 池袋大佛 ☑ 高聳的本殿

池袋大佛

穿過山門之後，鎮座在正面的是二丈釋迦如來坐像。這尊佛像從地板到最高點的高度約5.5m，重約1.5t，以木曾檜雕成，是百姓口中的「池袋大佛」。

草花與祈禱

由於重視季節變遷、人生里程碑、草木所寄宿的各種力量等，本堂建築外牆推行綠化，宛如都會中的山寺。

福祿壽

東京「雜司谷七福神巡禮」之一的仙行寺，有尊表情溫和的福祿壽，就安置在面對池袋大佛的右手邊。

為了感受自然，在池袋興建「山寺」

從文化發信地池袋站，約步行5分鐘，就能看到宛如覆蓋一層綠意的仙行寺。

江戶時代開山之際，建寺的地點是文京區小石川。明治45年（1912），因道路改建而遷移到池袋。隨後受到東京大空襲的影響陸續遷移，外觀也不斷地改變，不過在支持眾生心靈的地位，則是永恆不變。

本堂現在的外觀，是於平成4年（1992）改建而成。1樓是池袋大佛，2～6樓為靈園，7樓則是本堂。

豐島區 TEL 03-5928-3213
豐島區南池袋2丁目20-4／9:00～17:00／境內自由參觀／JR各線池袋站，徒步5分鐘／無休／P無
部分不可

◆創建：前身為蓮華寺，於江戶初期開山建寺。現在的本堂大樓興建於平成4年（1992）◆本尊：曼荼羅日蓮◆參拜所需時間：30分鐘◆展示都心墓地和寺院新風格的寺院之一。1樓可自由進出，安置了池袋大佛和雜司谷七福神的福祿壽

寬敞的大樓入口處，就是仙行寺的山門。只要沿著參道前進，便可看到池袋大佛的身影。

仙行寺的過去&未來

江戶初期	於小石川開山建寺	善性院日迢上人以「善行院」之名，於今日的文京區小石川指谷町附近，開山建寺。
明治40年（1907）	改稱為松榮山仙行寺	與隔壁的仙應院，合併為「松榮山仙行寺」，由和光院日貞上人開基。
明治45年（1912）	遷移至豐島區蟹窪	因小石川地區實施道路整頓，故遷至豐島區蟹窪地區。
昭和20年（1945）	東京大空襲中遭到焚燬	本堂遭受損害，僅存淨行菩薩石像和過去帳（即死者名簿）。接下來的幾年，皆無法重建本堂。
昭和40年（1965）	重建本堂	儘管十帖大的兩間房間裡，僅安置了本尊，但至少重新建造了本堂。
平成4年（1992）	興建本堂	隨著時代變遷，搖身變成附設文化會館等設備的現代設施。亦在神奈川縣等地，興建墓園。

登上大都會的山寺！

本堂在7樓，主要用來舉辦法會。只要事先申請，就能入內參拜（免費）。

7F

3-6F

運輸式納骨堂。一般參拜者不可隨意入內，有意購買靈骨塔者可參觀。

2F

此為靈骨塔參拜者專用的大廳。心生憐憫的佛像，安置於現代感的空間中。

1F

池袋大佛的造像，源自法華經虛空會。也就是釋迦牟尼佛與弟子說法時，雙手合十坐在雲端上的意象。

1樓是一般參拜者可自由進出參拜的區域。寺方還準備了福祿壽的護身符和御朱印。

建
ARCHITECTURE

乘泉寺（じょうせんじ）

宛如博物館！風格時尚的寺院

知名建築師設計，高尚住宅區中格外醒目

寺院於江戶初期，也就是現在的虎之門附近建立了草庵，直到第三代將軍德川家光才遷至麻布櫻田町（今六本木之丘）。現今的建築，則是由興建東京丸之內的國立近代美術館的建築師谷口吉郎所設計。

寺院以中庭為核心，利用迴廊與各館連接。堂內充滿藝術氣息，除了《合掌的誕生》這幅馬賽克壁畫，隨處都有以嵌入各色的大谷石磁磚，描繪出合掌的線條。

厲害之處 ☑ 谷口吉郎的建築 ☑ 藝術空間

環繞著蒽鬱的中庭、長約217m的迴廊，各個季節可欣賞到不同的花草。

◆創建：元和年間（1615～1624），起初為京都妙蓮寺的分寺◆本尊：日蓮宗本門核心「上行所傳」的南無妙法蓮華經之大曼荼羅◆參拜所需時間：30分◆現今本堂於昭和39年（1964）完工。充滿現代氣息的寺院建築，至今依舊是眾人熱議的話題

澀谷區 TEL 03-3462-9991
澀谷區鶯谷町 10-15／6:30～20:00／境內自由參觀／JR 各線澀谷站，步行 15 分鐘／無休／P 無

部分不可

不能錯過!!!

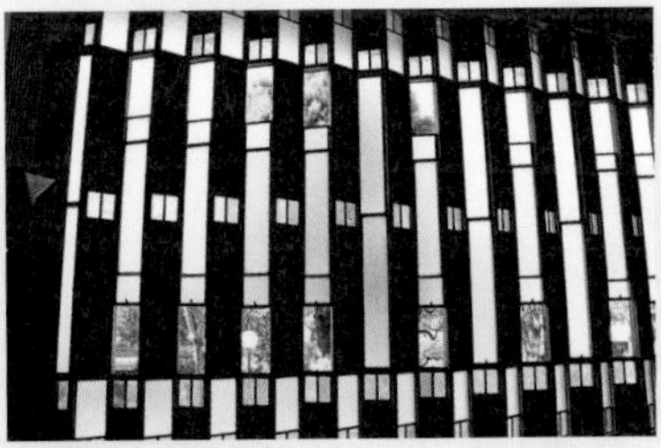

鋸齒形窗戶

本堂西側牆壁全為窗戶，並利用磨砂玻璃和彩色玻璃，設計出洋溢現代日式風格的鋸齒窗形。

合掌的誕生

通往本堂的樓梯上，有幅馬賽克壁畫。這是一幅從地下1樓的牆面，一直延續到地上2樓的大型作品，是日本西畫名家海老原喜之助之作。

建
ARCHITECTURE

虎ノ門金刀比羅宮（とらのもんことひらぐう）

派頭十足，引人注目！珍貴無比的四神銅鳥居

虎之門金刀比羅宮於昭和26年（1951），在日本首位建築史家伊東忠太的設計和校閱之下，拜殿和幣殿得以重建。

位於拜殿前方的是銅鳥居，是文政4年（1821）的獻納之物。左右兩邊的柱子上，有4尊守護神的雕像，分別為青龍、白虎、朱雀與玄武。

鳥居的礎石，刻著商人及工匠等獻納者的名字，是傳遞江戶後期庶民信仰的珍貴建築物。

厲害之處 ☑ 銅鳥居 ☑ 維妙維肖的四神裝飾

娓娓道出江戶時代的繁華 美麗的四神「銅鳥居」！

銅鳥居

明神系鳥居的柱子上，裝飾著四神，透露出獻納鳥居的江戶人所喜愛的奢華品味。平成13年（2001）納入港區指定有形文化財。

◆創建：萬治3年（1660），勸請鎮座在讚岐國象頭山的金刀比羅宮，分靈至丸龜藩邸（今香川縣丸龜市）所在的芝三田地區。延寶7年（1679），遷座至江戶城後方，相當於裏鬼門的現址◆祭神：大物主神、崇德天皇◆參拜所需時間：20分鐘◆自江戶時代以來，便是深受百姓虔誠信仰、歷史悠久的神社

左柱

青龍＆玄武

東有青龍，北有玄武守護。來自中國的四神，美麗姿態表露無遺。

右柱

朱雀＆白虎

南有朱雀，西有白虎。其立體生動，猶如躍然於紙上，是令人印象深刻的裝飾。

港區 TEL 03-3501-9355

港區虎之門 1-2-7／境內自由參觀／東京地下鐵南北線本駒込站，步行 1 分鐘／無休／P 無

部分不可

建
ARCHITECTURE

牛嶋神社（うしじまじんじゃ）

→P.141

只要正確地穿過鳥居，功德利益增加三倍!?

牛嶋神社有一座三輪鳥居，以大型明神鳥居為主體，左右各有一個小鳥居，在日本相當罕見，東京都內僅有2處。

相傳只要穿過三輪鳥居，祈求的功德利益就會變成3倍。首先通過中央的鳥居，繞到左邊的小鳥居之後，再穿過中央的鳥居，接著轉向右邊的小鳥居，最後再通過左邊的小鳥居；也就是以畫8字的方式繞行即可。

神社境內有狛牛及撫牛鎮座，許多物品皆與牛有關，相當特別。五年一度的大祭，還

厲害之處 ☑ 三輪鳥居 ☑ 黑雄和牛

東京天空樹® 近在咫尺☆ 想要穿越連綿的三輪鳥居！

可看到黑雄和牛扮演神牛拉著牛車「鳳輦」行走的罕見場面。

神牛

現代相當罕見的黑雄和牛，是神牛。在境內「撫牛」，能治療身體、療癒心靈。祈求健康時，先觸碰自己不適之處，接著再撫摸牛身上相同的部位即可。

美 ART

增上寺

ぞう じょう じ

→P.100

日本畫匠齊聚一堂！限定秋天的巨大穹頂畫

感受江戶前的美意識 驚嘆日本四季之美！

增上寺以德川家菩提寺而聞名，其中光攝殿的大廳裡有120位日本畫家獻納的穹頂畫。眾畫匠以洗鍊的畫風，描繪出日本四季的明媚風光。此外，大廳的紙拉門上，還有畫師岡信孝的作品《潔香天華圖》。如此優雅的空間，卻是限定對外開放，實屬可惜。

光攝殿內部，只在以芝公園為中心而舉辦的「港區區民祭」這段期間開放，想參觀的人要好好把握時機。

以四季草花為主題的作品。站在光攝殿外，還能看到東京鐵塔。

厲害之處 ☑ 120 位畫匠獻納的作品

美 ART

矢先稻荷神社（やさきいなりじんじゃ）

名將齊聚一堂 百匹騎馬的穹頂畫

專注畫馬的畫家 超大作品震撼人心！

德川家光為了祈求國泰民安、武道精進，創建了三十三間堂。之後此地開始舉辦起弓術競技中的「貫穿箭」，而為了奉祀箭頭前方的守護神，又興建了矢先稻荷神社。

此神社天花板的穹頂畫，是由畫家海老根駿堂所創作的《日本乘馬史百圖》。

◆創建：寬永19年（1642），德川家光模仿京都的三十三間堂，興建了「淺草三十三間堂」，並奉拜其守護神為起源◆祭神：倉稻魂命◆參拜所需時間：20分鐘◆展示了從神武天皇～昭和時代的100幅日本乘馬圖

台東區 TEL 03-3844-0652
台東區松谷 2-14-1／境內自由參觀／東京地下鐵銀座線稻荷町站，步行 9 分鐘／無休／P 無

厲害之處 ☑日本乘馬史百圖 ☑戰國武將的騎馬圖

喫 CAFE

CAFÉ 杜のテラス（CAFÉ Mori no Terrace）

@明治神宮 P.48

以「再生・循環」為主題森林咖啡店

在都會中綠意格外濃密的明治神宮，其南參道的鳥居前有間咖啡廳。店內利用興建神宮時枯損的獻樹及國產木材，打造出一個與森林融為一體的空間。可充分感受到明治神宮的森林所要表達的

喫茶 DATA

TEL 03-3379-9222（代表）
9:00～關門時間（L.O. 關門前 30 分鐘）／不定休

厲害之處 ☑ 感受再生的森林 ☑ 與神社融為一體

咖啡……500日圓

咖啡香氣濃郁，還有拿鐵咖啡及豆漿拿鐵等口味，600日圓。坐在吧台前可以觀賞到鳥居

概念——「再生・循環」。咖啡廳提供的菜色以拿鐵咖啡、日本茶為主，還有蛋糕及三明治。參拜後，不妨到此休息一會兒。

各種蛋糕…500日圓起

蛋糕口味會配合季節更換，參拜後來個甜點果腹也不錯。

抹茶拿鐵……650日圓

抹茶的風味非常適合搭配甜度適中的鮮奶油，是熱門選項之一。

從原宿站西口走過來，第一眼就是看見咖啡廳。木頭的溫暖，讓人彷彿置身於森林度假村裡。

喫
CAFE

cafe MASU MASU @神田神社

カフェ マス マス

P.48

取名獨具巧思的幸運午餐！

諧音哏的菜色，可祈求開運！

位於東京老街的神田神社，是守護當地的氏神。而這家咖啡廳就位在境內的文化交流館「EDOCCO（江戶人）」，除了茶和咖啡，還有豐富的午餐。

菜單的命名方式獨具特色。例如，熱門章魚飯是以章魚的

喫茶DATA

TEL 03-6811-6622
10:00～17:30（週五～週日、國定假日～18:00）／全年無休

厲害之處 ☑ 諧音哏菜單 ☑ 伴手禮選擇豐富

多幸章魚飯‥1350日圓

一天限量供應10份，以陶鍋蒸煮的章魚飯。章魚Q彈的口感讓人回味無窮，另附沙拉與湯品。只要加330日圓，即可搭配飲料。

木盒聖代‥‥950日圓

香酥霰餅、抹茶冰淇淋、自製白玉糰子、柚子醬等美味，全都放進方形木盒裡。只要加330日圓，即可搭配飲料。

神社聲援‥‥1瓶450日圓
外帶1瓶400日圓

使用新鮮薑泥手工調製的薑汁汽水，3瓶一組的盒裝禮盒1400日圓，送人自用兩相宜。

日語「たこ（tako）」為菜名的諧音，取名為「多幸めし（tako meshi）」，希望大家吃了幸福洋溢。此外，可外帶的薑汁汽水（ジンジャーエール），也與「神社聲援」的諧音相同。「ジンジャー」音同「神社（じんじゃ）」、「エール」意指聲援，以期望能帶來好彩頭，堪稱最佳伴手禮。

喫
CAFE

和カフェTsumugi（和Cafe Tsumugi）@築地本願寺

P.174

早餐成為話題！感受佛教的膳食

以現代化建築聞名的築地本願寺，面對本堂的左手邊，有一間和風咖啡廳。除了擁有引起話題的早餐，還提供了原創甜點等美食，是一個能悠閒觀賞本堂的最佳去處。

話題中的早餐，共有18道菜，內容是根據法藏菩薩（後來成為阿彌陀佛）的心願，亦即「建立一個真正令人安心的世界，讓所有的生命生而平等」所設計的菜色。

厲害之處 ☑早餐有18道菜 ☑現代風格的建築

18膳菜早餐 …… 2200日圓

有田樂（烤味噌豆腐）、腐皮鮭魚卵、佃煮等菜餚，清粥可續碗。早餐時段8:00～10:30。

事先預約會更安心！

喫茶DATA

TEL 非公開

8:00 ～ 18:00 ／不定休

綾織套餐 …… 1826日圓

竹籠裡滿是和菓子的套餐，有蜂蜜蛋糕、蕨餅、抹茶冰淇淋及堂島生乳捲。

和栗焦香黃豆粉
焙茶蒙布朗 …… 825日圓

可盡情沉浸在純日式口味的蒙布朗，是獨創甜點。可別忘記來杯日本茶。

甜薯羊羹和三盆布蕾
………………… 825日圓

焦糖口味的甜薯羊羹配上甜度適中的鮮奶油。搭配一杯爽口解膩的茶堪稱絕配。

喫
CAFE

TERA CAFE SHIEN -ZOJOJI-

てら カフェ しえん ぞうじょうじ

@增上寺

P.100

在山門旁，享受頂級蒙布朗♡

可看到東京鐵塔！絕景×甜點

這家咖啡館位於芝公園內的增上寺山門旁，鄰近就是東京鐵塔。此處不僅可欣賞到悠久歷史的山門，坐在露台位置還可飽覽東京鐵塔。搭配的古民家建築更是相得益彰，讓人彷彿置身在絕美景色之中。

喫茶 DATA

TEL 090-1504-8002
10:00～17:00（週六、週日及國定假日 9:30～17:30）／無休

厲害之處 ☑ 古民家風格的和式空間 ☑ 季節限定的美食

提供的美食以甜點為主，特別受歡迎的是蒙布朗，另外還有季節限定的口味。相關訊息皆會在官方的ＳＮＳ上公布，出門前記得先確認喔！

熊本栗蒙布朗…1600日圓

使用珍貴食材的招牌甜點。選用日本栗子的蒙布朗，以現點現擠方式，提供香氣濃郁的頂級美味。

當季蒙布朗……1600日圓

提供的蒙布朗，會隨季節更換栗子的產地。奶油也是獨具創意，無論何時來訪，都能享受不同的美味。

嬉野茶……900日圓

僅在日本佐賀縣西邊部分地區栽種，產量在日本茶中只佔5%的稀少茶，使用鐵鍋炒出的茶香與清爽口感為其特色。

喫 CAFE

atticroom YASUKUNI GAIEN @靖國神社

アティックルーム　やすくに　がいえん

P.56

照片拉花拿鐵……720日圓

不僅可選擇靖國神社的Logo或拜殿等，若有喜歡的拉花圖案，還能自備照片，請店家畫在奶泡上。

喫茶DATA

TEL 03-6910-0490

10:00～17:00／無休

厲害之處 ☑照片拉花拿鐵 ☑復古空間

外苑參道旁的復古空間

藝術氣息濃厚！拿鐵一定要來一杯

在靖國神社成立150週年之際所開設的咖啡廳，位於從九段下通往神社的參道旁。春天時，露台席就會變成櫻花圍繞的特別空間。店內座位採復古風，瀰漫著木頭的溫暖，彷彿置身在異世界。

提供的美食不管是餐點還是甜點，選擇都非常豐富。值得注意的是，逼真如照片的拉花藝術。除了櫻花和靖國家神社的拜殿，還可應要求繪出指定的圖案。參拜回程的路上，務必一訪。

抹茶紅豆香烤起司蛋糕……700日圓

由甜點師製作的和洋融合甜點，會隨季節更換內容，還有聖代等熱門甜品亦十分豐富。

招牌牛絞肉漢堡……1630日圓

用料豐盛毫不手軟的牛絞肉漢堡，夾在特製的圓形麵包裡，是道分量飽滿的高人氣美食。

喫
CAFE

神谷町オープンテラス（神谷町Open Terrace）

@光明寺

透過季節風味 感受佛祖的親切♪

顏色美麗
心情也開心！

6月 紫陽花

利用鮮豔的色彩來表現紫陽花，是道適合梅雨季節的甜點。寒天爽口的風味，讓人讚不絕口。

喫茶DATA

4月中旬～10月每週三11:00～14:00（需預約）／週四～週二、國定假日、11月～4月中旬，時而臨休。

厲害之處 ☑限定空間 ☑來自寺院的款待

在神谷町的開放露台接受招待之後，可別忘記向本尊致謝。

因緣結緣，擴展寺廟在心靈綠洲獲得療癒

光明寺以梅寺而聞名，故受德川家光賜予「梅上山」的山號，現為「為信徒開放的寺院」。開設喝茶區的用意，是希望成為「民眾來寺院的契機」。用餐費是自由樂捐，但回去前一定要向本尊敬禮致意。

全年 蕨餅

男女老少人人喜愛的蕨餅，紮實的口感與芳香的黃豆粉，展演出絕妙的滋味。

全年 紫芋寒天

繽紛的寒天，是由天然食材著色，嚼勁Q彈。

◆創建：建曆2年（1212），於櫻田霞關建立真色山常樂寺◆本尊：阿彌陀如來◆參拜所需時間：20分鐘（接受款待 50分）◆以「梅寺」而聞名，因德川家康喜愛光明寺的梅花，故德川家光特地賜予「梅上山」山號

港區 TEL 非公開

港區虎之門 3-25-1／9:00～17:00／境內自由參觀／東京地下鐵日比谷線神谷町站，步行 1 分鐘／法會時／P 無

部分不可

喫 CAFE

ぼうず'n Coffee（Bozu 'n Coffee）@祥雲寺

ン コーヒー

在預約制的限定空間裡享受愉悅的寂靜

開放日也有限定！了解寺院的第一步

此處為住持家人經營的咖啡空間，因此營業日不固定，而且規定需至專屬網站預約訂位，這樣才能深入了解寺院的心。

建議大家先至官方IG確認開放日，預約之後再前往，才能好好體會。

喫茶DATA

營業日請上官方IG：@ぼうずncoffee

◆創建：天文元年（1532），招請大州安充大和尚，在和田倉門內開山◆本尊：藥師如來◆參拜所需時間：20分鐘◆朱紅色的山門在寺院建築物之間，格外引人注意

豐島區 TEL 非公開

豐島區池袋3-1-6／境內自由參觀／東京地下鐵各線要町站，步行2分鐘／無休／P無

一邊品嚐每杯細心沖泡、香氣四溢的咖啡，一邊眺望美麗的庭園，享受奢侈時光。

厲害之處 ☑庭園 ☑朱紅色的山門

喫
CAFE

カフェてらズ
Cafe寺's
@一龍院

在矗立於住宅區的都會寺院中品味咖啡

品嚐精心烘焙的咖啡是本堂的奢華享受

一龍寺以噴槍御朱印（P.148）而聞名，所設置的咖啡空間，就位於本堂旁。其所注重烘焙方式的咖啡，頗有人氣。拜訪本尊後想稍做休憩時，不妨多加利用，可讓心情平靜下來。

喫茶DATA

10:00～16:30（週六、週日 9:00～17:00）／週一、週五

◆創建：平成12年（2000）建立，為日蓮宗一龍結社的寺院，旨在以寺院來傳遞新文化◆本尊：釋迦牟尼佛◆參拜所需時間：20分鐘◆除了附設的咖啡廳，宛如藝術作品的御朱印也是熱門話題

調布市 TEL 03-5314-1829
調布市入間町1-38-1／10:00～16:30（週六、週日 9:00～17:00）／境內自由參觀／京王線仙川站，步行15分鐘／週一、週五／P無

部分不可

自家烘焙的咖啡豆也可購買。希望能讓寺院用心烘焙的咖啡來淨化心靈。

厲害之處 ☑ 自家烘焙的咖啡

GO SHUIN

每月更換的御朱印

**想求取御朱印，當然要選擇限定版！
每個月推出的限量版御朱印，
全數收藏也不錯！**

穩田神社 →P.135

澀谷區穩田神社所設計的可愛御朱印，陸續登場！

1月

2月

3月

4月

5月

6月

7月

8月

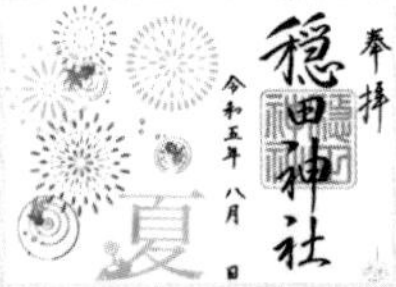

9月

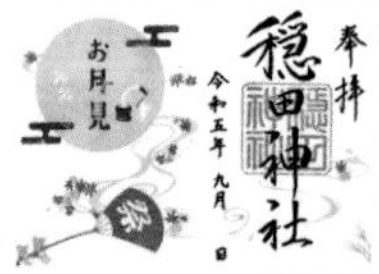

10月

11月

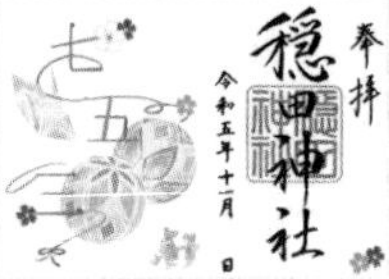

12月 （2022年）

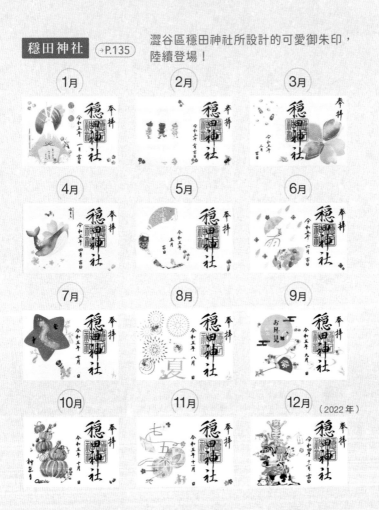

上野東照宮

→P.104

底紙也變成藝術作品！
以植物爲主題的御朱印，相當精緻。

1月

2月

3月

4月

5月

6月

7月

8月

9月

10月

11月 （2022年）

12月 （2022年）

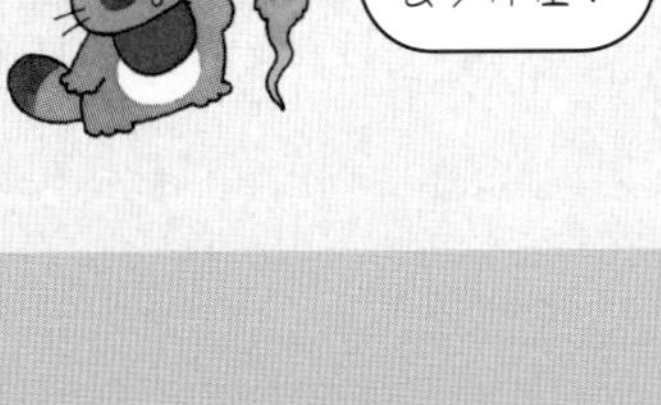

日本人的心「茶道」的世界

隨著佛教從大陸傳入日本的茶道，與禪宗有密不可分的關係。
始於「茶湯」的日本茶文化，究竟為何物？

現代社會亦適用！禪宗教義和茶道歷史

日本的「茶湯」文化，起源於鎌倉時代。當時臨濟宗的僧侶榮西，從中國宋朝將抹茶帶回日本，為茶道的開端奠定了基礎。隨後，曹洞宗的禪師道元，將茶道帶入日本各地，進一步豐富了這文化的發展。到了江戶後期，以禪宗思想為核心的「煎茶道」，逐漸在民間流傳。

茶道注重精神世界和人際關係的培養，不追求形式，而是著重於心靈的寧靜。茶道已深植於日本人的生活之中，不僅具有獨特的形式，更能幫助人們消除煩惱，保持內心平和。

「神谷町オープンテラス」（P.204）位於光明寺，可在享受季節甜點後，聆聽佛法。

「ぼうず'n COFFEE」（P.206）位於祥雲寺境內，希望能成為人們上寺院參拜的契機。

CHAPTER 6

賞花文化

美麗多元的四季

四季分明，幸福無比！
風情萬種的社寺花季♡

春 212
夏 222
秋 230
冬 236

春
SPRING

寛永寺

かんえいじ

→P.96

上野的賞櫻之旅，從寛永寺開始

德川家的智囊天海大僧正，受江戶幕府賞賜此地，建立了寛永寺。栽種的櫻花，是從奈良縣吉野移植至此的山櫻。寺院境內的上野山，據說是根據「觀想」這個構思而設計的。山是模仿奈良的吉野山，寺院則是用來比擬京都周邊的清水寺等神社寺院。

栽種了櫻花之後，此處就變成江戶最佳的賞花地點。即使現在寛永寺境內已納入上野恩賜公園之中，櫻花名勝的地位依舊不變，數百株的櫻花更是值得一看！

厲害之處 ☑ 染成粉櫻色的上野公園

無論望向何處，
都是櫻花、櫻花、櫻花！

從清水觀音堂「月之松」眺望的不忍池辯天堂。日本一些知名的櫻花景點，每逢賞櫻季節氣氛都會格外熱鬧。

櫻DATA

種類：山櫻、染井吉野櫻等數百株
地點：寬永寺舊境內（上野恩賜公園）
時期：3月中旬～4月中旬
時間：以公園的開放時間為準
費用：參觀免費

春

SPRING

靖國神社

やすくにじんじゃ

→P.56

告知春天到來的 東京櫻花名所

提到櫻花，豈能錯過這裡

以櫻花名勝人人皆知的靖國神社境內之內苑為中心，栽種了將近5百棵的櫻花樹，有染井吉野櫻也有山櫻等，景致十分壯觀。當中還有民間團體戰友會捐贈的櫻花，以及東京管區氣象台指定的東京櫻花標本木。

每年只要到櫻花季節，就會有成千上萬的參拜者前來朝聖，此時神社會舉辦「奉納夜櫻能」和「奉納藝能」等活動。季節若到，可別錯過這個能在櫻花競相綻放的境內，盡情漫步的大好機會。

櫻DATA

種類：染井吉野櫻、山櫻、寒櫻、八重櫻等，約500棵

地點：內苑

時期：3月下旬～4月上旬

時間：6:00～18:00　費用：參觀免費

神社奉拜的是幕末志士，及在二次大戰中陣亡的將士。櫻花則是象徵靖國神社的花。

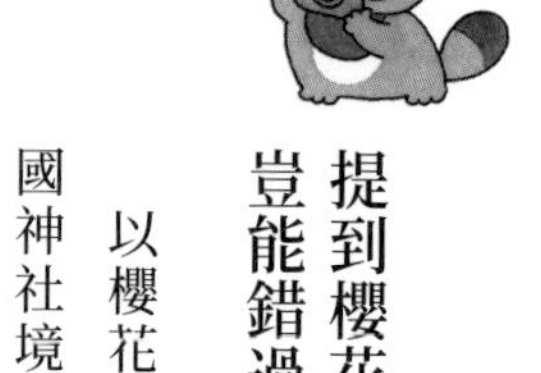

厲害之處 ☑ 東京都櫻花標本樹

春
SPRING

法明寺（ほうみょうじ）

煩囂喧鬧中的櫻花拱門

走在櫻花參道上，心情格外舒暢

德川第三代將軍家光賜與朱印、代代將軍皆尊崇的法明寺，是從江戶時代開始就深受當地居民喜愛的櫻花名勝。參道上染井吉野櫻成排的景色，更是美不勝收。只要賞櫻季節一到，色彩粉嫩的櫻花樹枝，就會朝天伸展形成隧道。

雖然靠近鬧區，寧靜的環境卻迷人無比。櫻花祭舉辦期間，還會點燈至深夜，供民眾欣賞夜櫻。屆時會規劃小吃攤及用餐空間，讓賞花的人可以隨時來訪。

豐島區 TEL 03-3971-4383
豐島區南池袋 3-18-18／9:00～17:00（境內僅可參觀，不可入本堂參拜）／都電荒川線鬼子母神前站，步行 5 分鐘／無休／P 無

部分不可

櫻 DATA

種類：染井吉野櫻
地點：法明寺參道
時期：3月中旬～4月中旬
時間：6:00～18:00　費用：自由樂捐
※櫻花祭期間會推出點燈活動（18:00～22:00）

厲害之處 ☑ 宛如櫻花隧道的參道

春
SPRING

上野東照宮
うえのとうしょうぐう

→P.104

盡情享受牡丹的魅力！

牡丹交織的療癒空間

上野東照宮是供奉德川家康的神社。腹地內的日本庭園為人人皆知的牡丹苑，每年春冬都會舉辦牡丹祭。

栽種的品種琳瑯滿目，有原生種也有進口品種。春天一到，110種將近5百株的牡丹花，就會展現豐富多姿的婀娜風采。

庭園的格局，採取回遊樣式，散步途中在涼亭裡悠閒欣賞牡丹，也不失為一種享受。當中尤以舊寛永寺五重塔為背景的牡丹花，更是風情洋溢，堪稱拍照攝影的最佳地點。

牡丹 DATA

種類：約110種、500株
地點：牡丹苑　時期：4月下旬～5月上旬
時間：9:00～17:00截止入苑
門票：1000日圓
※1月1日～2月中旬是冬季牡丹展示期間，共有40種約160株（9:30～16:30截止入苑）

日本庭園中的牡丹花，格外嬌豔。秋天會應季節舉辦各種的展覽。例如，大理花展。

厲害之處　☑ 多姿多彩的牡丹

春
SPRING

鹽船觀音寺（しおふねかんのんじ）

無論仰望還是俯瞰，眼前的杜鵑嬌豔無比

鹽船觀音寺以花寺而聞名。沿著山坡上盛開的杜鵑花，將寺院層層環繞，氣勢非凡。4月中旬後，大約2萬株的早開花和晚開花，會相繼綻放。只要在山坡外圍散步，就能欣賞宛如絕景的杜鵑花田。

點綴東京後花園的
嬌豔杜鵑花！

青梅市 TEL 0428-22-6677
青梅市鹽船 194 ／ 8:00 ～ 17:00 ／西東京巴士或都營巴士的「鹽船觀音入口」站，步行 10 分鐘／ 200 台（免費）＊杜鵑花祭期間 700 日圓／一次
部分不可

杜鵑 DATA
種類：約20種、1萬7000株
地點：鹽船觀音寺山內的杜鵑園
時期：4月中旬～5月上旬
時間：8:00～17:00
門票：300日圓（杜鵑花祭期間）
※杜鵑花祭會配合花況舉辦

春
SPRING

根津神社（ねづじんじゃ）

→P.42

「杜鵑花祭」期間 吸引數十萬人的名勝

根津神社的杜鵑花，與以杜鵑花聞名的館林藩主德川綱吉，在其兄綱重的下屋敷栽種鈍葉杜鵑為起源。
苑內約3千株的杜鵑花，多到令人無法忽視，美麗的程度超乎想像，與朱紅色鳥居共演的畫面更是華麗，

千本鳥居
和杜鵑花共演！

＼東京的杜鵑花名所／

杜鵑花祭期間，吸引不少外籍遊客到此觀光。

杜鵑 DATA
種類：約110種、3000株
地點：牡丹苑　時期：4月中旬
時間：9:30～17:30（最後入苑）
門票：300日圓
※配合「文京杜鵑祭」（4月上旬～下旬）公開。舉辦期間12:00、14:00會開放20分鐘，供遊客觀拜「三十六歌仙畫」及「隨從像」（門票300日圓）

春
SPRING

明治神宮

めいじじんぐう

→P.48

專家獻納的春季大祭

觸及日本傳統藝能的美妙之處

每年新年的參拜人數號稱日本第一的明治神宮，是日本頗具代表性的神社之一。春秋兩季舉辦的大祭，也是規模盛大，觀看點十足。

春大祭以特設的神前舞台為中心，除了昭和天皇親自創作的神樂「浦安之舞」，還會獻納舞樂、能及狂言。

這些獻納活動，都是由專精日本傳統藝能的一流人士呈現，是不容錯過的精彩舞台，更是有別於日常的生活體驗，值得臨場好好感受這莊嚴肅穆的表演氛圍。

厲害之處 ☑ 日本的傳統藝能 ☑ 獻納表演就近在咫尺

春季大祭 DATA

地點：本殿
舉辦日期：5月初
（10:00～11:30 敬奉者大祭）
費用：自由樂捐（參觀免費）

奉祝活動 DATA

第一天	舞樂	神前舞台
第二天	能・狂言	神前舞台
	邦樂邦舞（日本傳統音樂舞蹈）	神前舞台
第三天	弓道大會	武道場至誠館
		第二弓道場
	鄉土藝能	第二鳥居（大鳥居）前
		特設舞台
	三曲	神前舞台
	薩摩琵琶	神前舞台

※遇雨可能會改變地點

平常寧靜的參道，每到正月或大祭舉辦期間，總是人潮洶湧。神前舞台雖然不容錯過，但每項活動的舉辦時間及地點都有所不同，拜訪前記得先確認相關資訊。

春
SPRING

神田神社（神田明神）

かんだじんじゃ

→P.20

有創始的女神輿喔！

只要神田祭一到 江戸人就會熱血沸騰

從早到晚陸續進場！「神輿宮入」祭典高潮

名列「江戸三大祭」及「日本三大祭」之一的神田神社例大祭。兩年一次的本祭，每次都會吸引成千上萬的遊客前來觀賞，規模龐大且華麗。

最大的看點，莫過於三座鳳輦神轎和5百名身穿平安時代服飾一同遊行的「神幸祭」，以及超過2百座神轎前往神田神社的「神輿宮入」。神輿宮入當日從早晨到傍晚，各氏子町會的神轎就會接二連三進入神社，以迎接祭典的高潮。神轎的抬轎手與觀光客的熱情，更是讓整條老街的氣氛熱絡不已！

神田祭DATA

地點：神田明神及其周邊
舉辦日期：五月中旬（隔年）
費用：免費參觀
※神幸祭會在祭典期間的週六舉行，神輿宮入則是在週日進行

春
SPRING

大國魂神社（おおくにたまじんじゃ）

→P.52

大太鼓和燈籠的引導，讓神轎在黑暗中遊行

一提到大國魂神社，就會聯想到「暗闇祭」。在深夜進行的神轎遊行，源自於不讓人們隨便看見尊貴的神祇。5月5日神轎遊行的焦點，是超過1噸的8座神轎同時登場。當大太鼓的鼓聲響徹雲霄時，遊行的隊伍就會熱情洋溢、英勇前進。

＼傳承至今的神聖儀式／

東京都指定為無形民俗文化財的祭典。在夜晚遊行的神轎，更是讓現場情緒高漲。

夜晚神轎達到高潮！暗闇祭

暗闇祭DATA

地點：大國魂神社
舉辦日期：4月30日至5月6日上午
（一般民眾觀看從5月3日開始）
費用：自由樂捐
※神轎遊行 5月5日18:00～21:00左右

春
SPRING

淺草神社（あさくさじんじゃ）

→P.78

約有1噸的3座本社神輿與100座町內神輿

以「三社樣」之名為人所知的淺草神社，其例大祭源於鎌倉時代的船祭，之後發展為三社祭。人潮洶湧的町內，抬轎的人高聲喊著「索呀！索呀！」氣勢磅礡的呼喊聲震耳欲聾。神轎遶境的場面，十分壯觀。

三社祭讓老街沸騰！

三社祭DATA

地點：淺草神社及其周邊
舉辦日期：以5月的第3個週六為基準的週五～週日。
費用：免費參觀
※神轎遶境會在祭典的第2天和第3天進行

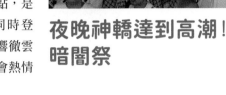

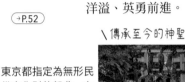

夏
SUMMER

池上養源寺（ようげんじ）

秘密小徑的紫陽花路

此處紫陽花以藍色為主，偶爾會出現粉色和紫色。即使是雨天，也能樂在其中的漫步路線。

在特定時期開放的紫陽花石階

境內與後山有許多紫陽花盡情綻放，因此又稱「紫陽花寺」。可從山門走到本堂，甚至散步到後山。

特別是通往後山的石階，景色格外美麗。石階俗稱「紫陽花之路」，青色和紫色的紫陽花在階梯兩側盡情盛開。站在高台還可飽覽街景，每逢花季會舉辦「紫陽花祭」。

除了紫陽花，其他季節也有不同花朵綻放，縱使四季變遷，依舊讓人對此念念不忘，想要再次造訪。

大田區 TEL 03-3751-0251
大田區池上 1-31-1／9:00～17:00／東急池上線池上站，步行 10 分鐘／無休／P 無

部分不可

紫陽花DATA

種類	紫陽花
地點	養源寺境內、紫陽花之路
時期	6月上旬～下旬
時間	9:00～17:00
門票	自由樂捐

厲害之處 ☑ 紫陽花寺 ☑ 紫陽花之路

夏 SUMMER

不忍池辯天堂（しのばずのいけべんてんどう）

潔淨的蓮花，數不勝數 宛如現世的極樂淨土

以音樂、藝能和提升財運等功德利益而聞名的不忍池辯天堂。周圍寬闊的不忍池於夏天的某個時期，以在清晨短暫盛開的蓮花而聞名。附近有個平台稱為蓮池露台，可以近距離觀察美麗的蓮花。

清晨是最佳的觀賞時間！

台東區 TEL 03-3821-4638
台東區上野公園2-1／7:00～17:00／JR上野站，步行5分鐘／無休／P無

部分不可

絕景的蓮花 是早起的獎賞

蓮花DATA

種類：蓮花
地點：不忍池
時期：7月下旬～8月上旬
時間：7:00～17:00
費用：免費參觀
※蓮花通常是上午開花，下午凋謝

夏 SUMMER

金剛寺（こんごうじ）（高幡不動）

→P.152

世界各地的紫陽花，在山中恣意綻放

關東三大不動之一，有許多珍貴文化財與值得造訪的景點。長達一個月的花期，甘茶繡球及額繡球等各種紫陽花，從境內一直延伸到山中競相盛開，非常適合散策。

＼土方歲三的菩提寺／

新選組副長土方歲三的粉絲，從各地前來造訪。

梅雨季節亦可 在紫陽花叢中散步

紫陽花DATA

種類：約250種、7800株
地點：金剛寺（高幡不動）境內
時期：山紫陽花5月下旬～6月中旬；紫陽花、額紫陽花6月中旬～7月初旬
時間：境內自由參觀
費用：免費參觀
※6月1日至7月初旬會舉辦紫陽花祭

夏 SUMMER

永田町 日枝神社（ひえじんじゃ）

→P.32

山王祭的神幸行列，宛如新王朝的繪卷

兩年一次 嘆為觀止的「神幸祭」

日枝神社山王祭不僅是江戶三大祭，還與京都祇園祭及大阪天神祭名列日本三大祭。

偶數年的本祭所舉行的神幸祭，是這場祭典的最大亮點。神轎、山車，以及共5百名身穿王朝時代服裝的華麗祭禮隊伍，長達3百公尺，這天會在東京都心遊行。

據說江戶時代山王祭的祭禮隊伍，不僅可以進入江戶城內遊行，還受到德川歷代將軍親自接見和參拜，人稱「天下祭」。難怪整場祭典會如此豪華，盛況空前。

厲害之處 ☑ 華麗的神幸行列

山王祭DATA

地點：日枝神社及其周邊
舉辦日期：2024年6月7日～17日
（稚兒行列6月9日、山王嘉祥祭6月16日等）
費用：免費參觀
※每兩年1次，在偶數年舉行的本祭「神幸祭」，頗富盛名

奉祝活動DATA

6月8～16日	狭山茶茶席	境內
	嘉祥祭菓子接待席	境內
6月9日	神樂囃子	神樂殿
6月13～15日	山王音頭民踊大會	山王公園塔公開空地
6月14～15日	神樂囃子	神樂殿
6月15日	山王太鼓	境內

※以上為部分活動，每年活動內容各有不同。

山王鳥居獨具特色的神社。每逢「山王祭」舉辦期間，境內就會掛滿燈籠。

※ 白底標示，請參考 P253〔注 39・注 40・注 41・注 42〕

夏
SUMMER

靖國神社（やすくにじんじゃ）

→P.56

祈求和平、安慰神靈的「御靈祭」

獻燈燈火增添夢幻的夏季風景詩

靖國神社的「御靈祭」始於戰爭結束後的昭和22年（1947）。祭典期間，神社境內會懸掛來自全國各地獻納的無數燈籠，以慰藉陣亡將士的靈魂。每到傍晚，獻燈就會亮起，所展現的萬種風情，讓此處成為每年吸引眾人的夏季風景詩。

典藏祭神相關史料及寶物的遊就館，也會特地延長開放時間，讓民眾能在這無數燈籠點亮的夢幻境內，一邊納涼，一邊散步。

掛滿思念的雪洞內苑，有來自各地獻納的燈籠。

御靈祭DATA

地點：內苑、外苑
舉辦日期：7月13～16日
時間：6:00～21:30
費用：免費參觀（部分收費）
※點燈時間從傍晚開始，祭典期間有各種獻納活動

厲害之處 ☑ 飄浮在暗闇中的獻燈 ☑ 幻想空間

夏
SUMMER

鳥越神社（とりこえじんじゃ）

點亮燈光的「千貫神輿」不容錯過的鳥越夜祭

以巨大神轎而聞名的鳥越祭，其千貫神輿的重量，在東京都內屈指可數。這座盛大登場於祭典最後一天的神轎，會由氏子扛抬。最壯觀的場面，莫過於傍晚後的入宮儀式，亮燈的神輿，莊嚴肅穆。

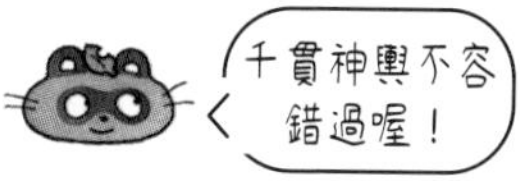
千貫神輿不容錯過喔！

台東區 TEL 03-3851-5033
台東區鳥越 2-4-1 ／ 9:00 ～ 17:00 ／都營淺草線藏前站，步行 5 分鐘／無休／ P 無
部分不可

鳥越祭的壓軸好戲「千貫神輿」

鳥越祭 DATA

地點：鳥越神社
舉辦日期：6月上旬至中旬連續3天
費用：參觀免費
※千貫神輿遶境最後一天，6:30宮出，21:00宮入。夜祭在最後一天19:00開始舉行

夏
SUMMER

富岡八幡宮（とみおかはちまんぐう）

→P.38

讓加持的水盡情潑灑的「潑水祭」

深川八幡祭是江戶三大祭之一，以盡情潑水為最大特色。本祭每 3 年舉行一次，原本是抬轎手的淨身儀式。除了桶子與水管，還有從消防栓噴灑出來的水，場面相當壯觀。

潑水儀式是神輿連合渡御的一環

在深川八幡祭全身濕透是傳統！

深川八幡祭 DATA

地點：富岡八幡宮及周邊
舉辦日期：8月15日前後
費用：參觀免費

緣結神社★七夕祈願

夏
SUMMER

東京大神宮
とうきょうだいじんぐう

→P.58

是該報名參加祈願祭？還是將願望寫在紙條上？

東京大神宮可祈求戀愛及締結姻緣，每逢7月7日的「七夕祈願祭」，神職人員會為申請者祈禱，希望能心想事成。將心願寫在現場準備好的長紙條（300日圓）後獻納也可以。

七夕祈願祭 DATA

地點：東京大神宮
舉辦日期：7月7日
時間：祈願祭登記；6月1日～7月7日，9:00～17:00
費用：免費參觀。
祈願祭初穗料 2500～5000日圓（報名者將授予特別奉製的七夕護身符及紀念品）
※7月1日～7日點燈活動至21:00

＼期間限定的點燈活動／

打上燈光的竹葉，洋溢著七夕浪漫風情。

在4萬6千日參拜以求得一生的功德

夏
SUMMER

淺草寺
せんそうじ

→P.66

滿懷感激之情參拜，以求得神佛的恩惠

據傳聞只要在「4萬6千日」這天參拜，便可獲得一生的功德，這是淺草寺本尊觀世音菩薩的功德日。而在每個月的功德日當中，7月10日的運勢最強。此外，這天還有「酸漿花市（ほおずき市）」，又稱為鬼燈市集，境內小攤多達百攤，直至深夜。

四萬六千日（酸漿花市）DATA

地點：淺草寺境內
舉辦日期：7月9 10日
時間：8:00～21:00左右
費用：免費參觀
※4萬6千日緣日期間，亦會舉辦酸漿花市

夏
SUMMER

田無神社（たなしじんじゃ）

→P.178

祥和的晴天娃娃，有著堅定的願望

田無神社基於五行思想奉祀五龍神，可祈求農作物順利生長，免於颱風豪雨等災害摧殘。與龍神同色的長紙條色彩繽紛，有黃色及粉色，在夏天為境內增添不少色彩。

＼你要選什麼顏色呢？／

願望寫在長紙條上，掛在色彩繽紛的晴天娃娃旁。

SNS話題不斷的七夕晴天隧道（七夕てるてるトンネル）

七夕晴天隧道DATA

地點：田無神社境內
舉辦日期：6月中旬～7月中旬
時間：9:00～17:00左右
費用：免費參觀
※七夕晴天短冊，初穗料300日圓

夏
SUMMER

築地本願寺（つきじほんがんじ）

→P.174

築地知名店家齊聚一堂「美食滿堂」的盆舞大會

風格開放的築地本願寺，一到夏日就會出現風景詩。打著「日本第一美味之環保盆舞大會」的名號，每個攤位都是來自築地場外市場的知名店家。納涼盆舞大會上，眾人圍繞壯觀的鼓樓，盡情地跳舞。

東京都內規模龐大的盆舞大會，豎立在寺院前方的鼓樓，氣勢磅礴。

／使用環保餐具＼

納涼盆舞大會上盡情跳舞，大啖美食

納涼盆舞大會DATA

地點：築地本願寺境內
舉辦日期：7月底～8月初
時間：19:00～21:00
費用：免費進場
※祭典舉辦日期每年不同，需事先至官方網站確認

秋
AUTUMN

赤坂 氷川神社（ひかわじんじゃ）
（冰川神社）

→P.24

在旁默默看守 赤坂街道變遷的大銀杏

樹齡超過4百年 巨大壯觀，威嚴十足

儘管位於繁華的東京都心地帶，四周卻是綠意盎然的神社。樹齡超過4百年的大銀杏位於正殿正面，穿過一之鳥居之後，就會出現在神社境內的右手邊。

這棵高聳的大銀杏，據說在神社遷座至現址之前的享保15年（1730），就已在此生長。樹幹背後的巨大空洞，是曾經遭受東京大空襲戰火砲轟的證明。長達7.5公尺的樹圍，在中間分叉的模樣非常壯觀。秋天閃亮的黃葉，更是將境內點綴地美麗絕倫。

銀杏DATA

種類：銀杏
地點：赤坂冰川神社境內
時期：11月中旬～下旬
時間：境內自由　參觀費用：免費參觀
※推測樹齡400年，港區的天然紀念物，是該區內第2大的巨樹

相傳在遷座之前，此處是以忠臣藏而聞名的淺也內匠頭，其妻子瑶泉院的故居。

厲害之處 ☑ 感受歷史的大銀杏

※ 黃底標示，請參考 P253〔注 43〕

秋
AUTUMN

王子神社（おうじじんじゃ）

→P.45

屢次遠離戰火砲轟守護王子的大銀杏

王子神社因春日局祈求竹千代（德川家光）成為將軍的願望實現，故稱「子育大願」。其境內挺立的大銀杏樹，已有約6百年歷史，是東京都的天然記念物。

雖然神社境內因戰火砲轟而幾乎全毀，但這棵大銀杏卻能夠倖存下來，守護王子這個地區直到現在。平成23年（2011）時，樹圍已有5.2公尺，也高達2公尺。抬頭仰望十分壯觀，入秋時金黃色銀杏葉，相當夢幻。

銀杏DATA

種類：銀杏
地點：王子神社境內
時期：11月中旬～下旬
時間：境內自由參觀
費用：免費參觀

傳聞在勸請王子大神分靈至此奉拜的鎌倉時代，大銀杏就已種植。

厲害之處 ☑ 樹齡約600年的大銀杏

秋 AUTUMN

飛木稲荷神社（とびきいなりじんじゃ）

→P.24

御神木裡藏著狐狸！默默觀察燒銀杏

神社在創建之際，便流傳著銀杏傳說。而被奉為御神木的銀杏樹齡為5百～6百年，黑色的樹皮是遭受災害的痕跡。據說空襲時曾遭火神祝融，卻拯救了許多人。甚至有人說御神木裡有狐神！大家可以站在手水舍前瞧一瞧。

大銀杏 DATA

種類：銀杏
地點：飛木稲荷神社境內
時期：11月下旬～12月中旬
時間：境內自由參觀
費用：免費參觀

秋 AUTUMN

雑司ケ谷鬼子母神堂（ぞうしがやきしもじんどう）（雜司谷鬼子母神堂）

立姿令人著迷的鬼子母神堂象徵

鬼子母神堂供奉安胎順產及育兒之神。神木級的大銀杏「大公孫樹」上也有求子傳說，不過現在圍上圍欄，只能遠觀。這棵聳立的銀杏，高約33公尺，樹圍約11公尺，是東京為數不多的大樹。

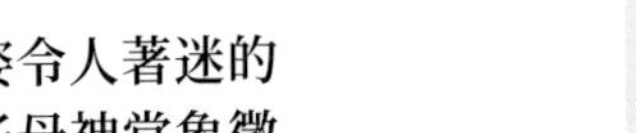
樹齡約700年的古木

大公孫樹 DATA

種類：銀杏
地點：雜司谷鬼子母神堂境內
時期：11月中旬～下旬
時間：9:00～17:00
費用：免費參觀

豐島區 TEL 03-3982-8347
豐島區雜司が谷3-15-20／9:00～17:00／都電荒川線鬼子母神前站，步行5分鐘／無休／P無
部分不可

九品佛 淨真寺（じょうしんじ）

紅葉如畫，令人心醉

可遇見美麗紅葉 邁向「極樂淨土」

以奉拜釋迦如來為本尊，3座佛堂各供奉3尊阿彌陀佛的淨眞寺，以極樂淨土為概念，空間氛圍令人平靜。

面積約3萬6千坪的寬廣境內有許多古木，包括樹齡約3百年的銀杏，以及超過7百年的櫸樹。

無論哪個季節來都能享受散步的樂趣，尤其秋天最值得推薦。因為樹木的顏色會隨著深秋而漸漸著色，形成一片壯觀的景觀，是東京都內鮮為人知的紅葉景點。

世田谷線

TEL 03-3701-2029（9:00～16:00）

世田谷區奧澤 7-41-3／6:00～16:30／東急大井町線九品佛站，步行 4 分鐘／無休／40 台（需在寺務所取得停車許可證）

部分不可

紅葉 DATA

類型：楓樹、銀杏等

地點：九品佛淨眞寺境內

時期：11月下旬～12月中旬

時間：6:00～16:30

費用：免費參觀

厲害之處 ☑ 從總門出發的楓樹隧道

秋
AUTUMN

芝大神宮（しばだいじんぐう）

→P.28

長跑型祭典「慢悠祭」

舉辦期間長達11天，四處瀰漫悠閒的氛圍

芝大神宮是號稱關東伊勢神宮，其中「慢悠祭（だらだら祭り）」這個名詞的由來眾說紛紜。有一說是因為來自全國各地的朝聖者齊聚於此，祭典期間才會拉長。過去境內周邊皆有薑田，故在當地兜售生薑，因而別名「生薑祭」。

供奉伊勢神宮的祭神！

慢悠祭 DATA

地點：芝大神宮境內
舉辦日期：9月11～21日
費用：參觀免費

秋
AUTUMN

池上本門寺（いけがみほんもんじ）

→P.113

令人屏息的萬燈行列

全國都有朝聖者來喔！

緬懷日蓮聖人的盛大法會

傳聞為日蓮聖人入滅靈場的寺院，於其忌日所舉辦的御會式規模，在日本各地的日蓮宗中堪稱最大。10月12日的「萬燈練供養」活動中，1百多盞方形紙燈籠「萬燈」，在纏幟及團扇太鼓的帶領之下，壯觀遊行。熱絡的氣氛，會一直持續到深夜。

御會式 DATA

地點：池上本門寺境內
舉辦日期：10月11日～13日
時間：隨日期異動
費用：免費參觀
※萬燈練供養（萬燈行列）於10月12日晚上舉行。

※ 黃底標示，請參考 P253〔注 44〕

秋
AUTUMN

湯島天滿宮（湯島天神）

→P.84

用心培育的菊花，裝飾在各個角落

湯島天神的知名「菊花祭」，展示了約 2 千株菊花。從一株大菊中開出無數菊花的「千輪咲」造型，及形如「懸崖」垂掛的造型，還展示了以菊為衣的菊人偶，都將境內點綴得美輪美奐。

不同的裁剪，能感受到菊花深厚的韻味。

菊人偶的風雅菊花祭

菊花祭 DATA

地點：湯島天神境內
舉辦日期：11月1～22日
時間：6:00～日落
費用：免費參觀

秋
AUTUMN

鷲神社

以吉祥物熊手，扒取新年的福氣

暱稱「鷲神」的鷲神社，其「酉市」是在 11 月酉日舉行的例祭，有一之酉、二之酉……。當天店家都會相繼擺攤，販賣吉祥物「熊手」。每家店的特色各有不同，初次購買請選擇小一點的較恰當。

台東區 TEL 03-3876-1515
台東區千束3-18-7／境內自由參觀（社務所・授與所 9:00～17:00）／東京地下鐵日比谷線入谷站，步行7分鐘／無休／P無

部分不可

心情已沉浸在年底酉市氣氛中

酉市 DATA

地點：鷲神社境內
舉辦日期：11月的酉日
時間：24小時
費用：免費參觀

北野神社（牛天神）

きたのじんじゃ

→P.91

迎接朝聖者的梅花拱門

被紅梅拱門引領至神社的感動

奉祀菅原道真的北野神社是大家口中的「牛天神」，境內隨處都是菅原道真喜愛的梅樹。這些梅樹九成都是紅梅，從早開的冬至梅，到晚開的寒紅梅，應有盡有，琳瑯滿目。

紅梅祭期間，只要領授御朱印及護身符，神社就會獻上特地準備的梅酒及薑茶。舉辦獻梅祭時，還會限量提供2百根梅花樹枝，給有意領取的參拜者，且境內還會舉辦打太鼓等活動。

梅DATA

種類：冬至梅、桃梅、垂枝梅、寒紅梅等
地點：北野神社境內
日期：1月上旬～3月上旬　費用：免費參觀
※紅梅祭 2月1～25日。獻梅祭會推出當日限定的「求福護身符」，可在社務所授領

境內除了梅花之外，還有天神的使者「牛」。到此參拜時，可別忘記撫摸能讓願望成真的「許願牛」。

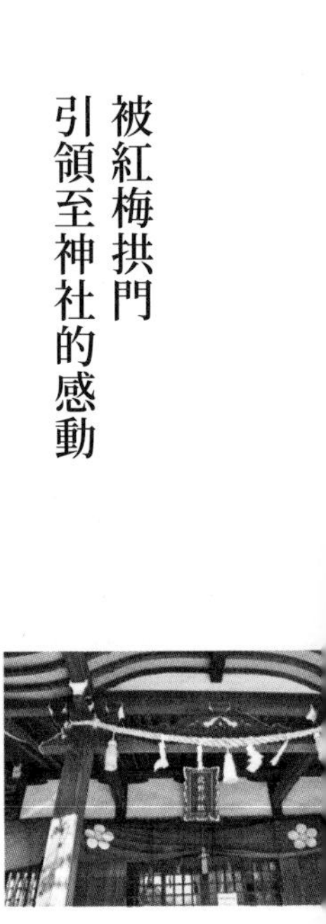

厲害之處 ☑ 紅梅 ☑ 限定的獨家梅酒

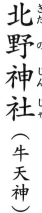

冬
WINTER

龜戸天神社（かめいどてんじんしゃ）

→P.36

在梅香瀰漫的神社境內，深呼吸並放鬆心情

以櫻花聞名的神社，境內栽種了3百棵紅梅和白梅。每當盛開季節時，會趁勢舉辦梅花祭。2月上旬還可欣賞到黃色的蠟梅，以及觀賞東京天空樹。

＼感受溫柔的花香／

梅花祭有豐富的活動及小吃，還會提供甘酒。

「梅花×地標」的實惠感！

梅 DATA

種類：白加賀梅、吳服垂枝梅、蠟梅等超過300種
地點：龜戶天神社
時間：2月下旬～3月上旬
時間：境內自由參觀　費用：自由樂捐
※配合梅花盛開時節舉辦梅花祭

冬
WINTER

谷保天滿宮（やぼてんまんぐう）

在遠離喧囂的梅林中，悠閒賞梅

東日本最古老的谷保天滿宮，擁有千年以上的歷史。境內一隅數量多達350棵的梅林，不管是早開種還是晚開種，應有盡有。天氣晴朗時，站在涼亭裡還可眺望遠處的富士山。

＼平靜的氛圍倍感溫馨／

祈求交通安全的發祥地，每逢梅花祭會舉辦活動。

梅 DATA

類型：紅梅白梅約350棵
地點：境內梅林
時間：1月中旬～3月下旬
時間：10:00～15:00
費用：免費參觀
※2月下旬～3月上旬，舉辦梅花祭

國立市 TEL 042-576-5123
國立市谷保5209／9:00～16:50（授與所）／JR南武線谷保站，步行3分鐘／無休／P無
部分不可

冬
WINTER

高尾山藥王院（たかおさんやくおういん）

→P.114

餘火猶存的炙熱地面上，勇往向前衝的山伏

距離都心交通方便的熱門登山地點「高尾山的藥王院」，是真言宗智山派的大本山。每年3月的第二個星期日，會舉行「過火儀式」，目的是為了祈求無病消災和交通安全。

修驗者利用淨火驅除災難的「御護摩修行」，場面壯觀非凡，燃燒的巨大火焰和勇武的修驗者身影，令人看了目不轉睛。而最高潮的過火儀式，除了修驗者，一般民眾亦可參加。如有機會，不妨試著走過淨火，祓除身上的厄運。

厲害之處 ☑ **山伏的過火儀式**

※ 黃底標示，請參考 P253〔注 45〕

山伏的厲害！溢於言表的過火儀式

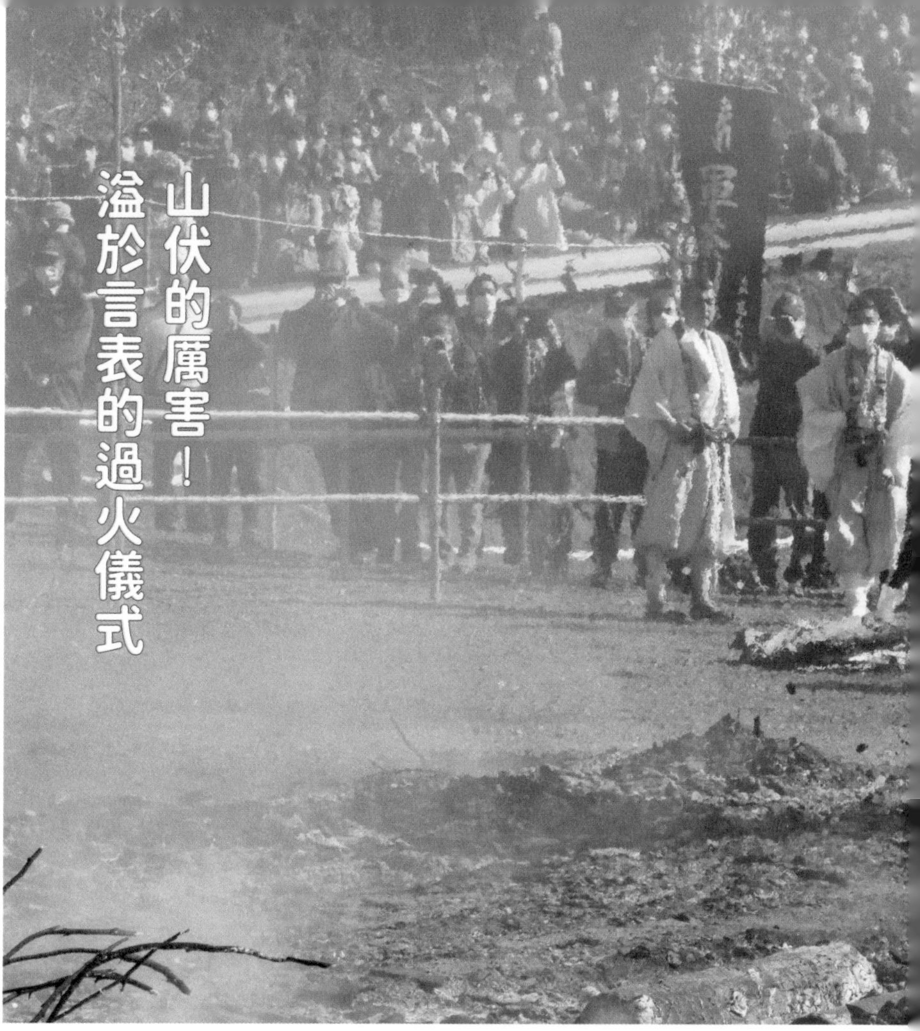

高尾山也是天狗信仰的靈山。儘管讓一般民眾過火時，會等到地面變溫才進行，但還是要注意溫度，免得燙傷。

過火儀式DATA

地點：高尾山藥王院汽車祈禱殿廣場
舉辦日期：3月第2個週日
時間：13:00～
費用：免費參觀
※希望過火的人，需抽號碼牌

源覺寺（げんかくじ）

因蒟蒻而成爲焦點的
閻魔例大祭

分發的蒟蒻（限量）可與閻魔結緣。御開帳的時候，要仔細觀察閻魔的右眼。

參拜者會得到蒟蒻！

閻魔大王右眼裡，深藏慈悲的理由

閻魔例大祭是源覺寺的祭典，以「蒟蒻閻魔」而聞名，於每年的1月15日、16日及7月15日、16日舉行，同時還有閻魔大王的御開帳。1月的大祭有山伏執行的過火儀式，讓生活在城市中的人，也能體驗到如此珍貴的活動。

之所以稱為「蒟蒻閻魔」，是因為很久以前一個患有眼疾的老婦人向閻魔大王祈禱，治癒之後為了感謝，故不斷供奉閻魔大王喜愛的蒟蒻而來的。及至今日，仍舊有不少人對於眼疾治癒懷抱信仰。

文京區 TEL 03-3811-4482
文京區小石川2-23-14／7:00～17:00／東京地下鐵各線後樂園站，步行3分鐘／無休／10台（免費）
部分不可

閻魔例大祭DATA

地點：源覺寺境內
舉辦日期：1月15～16日、7月15～16日
時間：9:00～17:00　費用：免費參觀
※一月的例大祭，會舉行由山伏執行的過火儀式

厲害之處 ☑ 都會中的過火儀式 ☑ 蒟蒻閻魔

冬 WINTER

神田神社（神田明神）

かんだじんじゃ

→P.20

年男・年女是主角！節分祭的撒豆儀式

紅鬼、藍鬼、大黑神、惠比壽神等接連出現的遊行隊伍，為神田神社的節分祭揭開序幕。在驅邪儀式「鳴弦之儀」之後進行撒豆活動，氏子總代及出生那一年的生肖與當年相同的年男年女就會登場。

＼撒豆活動緊在「鳴弦之儀」之後／

鳴弦之儀，朝向鬼門和裏鬼門射箭來驅逐邪氣。

節分祭一到，當然就要撒豆！

節分祭DATA

地點：神田神社境內
舉辦日期：2月3日
時間：14:30～
費用：免費參觀

冬 WINTER

深大寺

じんだいじ

→P.156

開眼文字阿吽的「阿」，代表一切事物的開始

深大寺達摩市是日本三大達摩市集之一，也是寺院最盛大的活動，與厄除元三大師大祭同時舉行。無數的達摩店櫛次鱗比，僧侶會直接在左眼上書寫梵字開眼。

＼300個大小攤位／

在隔年的達摩市，於不倒翁眼睛上寫「吽」字之後，再奉納到寺院裡。

請僧侶以梵字
為不倒翁開眼

達摩市祭DATA

地點：深大寺境內
舉行日期：3月3～4日
時間：9:00～17:00左右
費用：免費參觀
※下午2點舉行傳統儀式的百味供養及遊行隊伍

從眾多不倒翁中
選一個吧！

※畫底標示，請參考 P253〔注46〕

JU YO HI N

授予品精選

除了護身符和籤詩以外，
可帶來功德的物品，應有盡有，個個都很可愛。

鳩森八幡神社

→P.136

帶來不同功德的「風水招財貓」想挑什麼顏色的貓咪呢？

白色代表幸福，粉紅色代表緣分等，顏色不同，每隻招財貓的意義也不同。（各500日圓）

水天宮

→P.132

召喚神明加持的吉祥物「福犬」

頭頂籠子的福犬，是水天宮的代表吉祥物。只要擁有它，福氣就會到。（大2000日圓，小1500日圓）

兔子能實現願望！「祈願兔子護身符」

在有兔子圖案的紙條上，寫下心願後再放入白色袋子裡，據說願望就會實現。（1500日圓）

神田神社（神田明神）

→P.20

王子稻荷神社

→P.86

以歌舞伎爲主題，非看不可的「暫狐」

第九代市川團十郎在演出歌舞伎劇目《片刻（暫く）》時，曾至此祈願而順利演出，故推出可驅邪的吉祥物。（850 日圓）

鹽船觀音寺

→P.217

以創建寺院的尼姑爲設計概念，造型可愛的「護身符手機吊飾」

以創建寺院的尼姑「八百比丘尼」為概念，而誕生的吉祥物護身符。（500 日圓）

雀躍蒐集御朱印！有了「御朱印綁帶」心情更期待

神職親手製作、用來綑綁御朱印帳的綁帶，顏色相當豐富。（各 300 日圓）

太子堂 八幡神社

→P.144

北野神社（牛天神）

→P.91

不管是淨身還是煮菜，就用「黃金鹽」來開運

加了薑黃的鹽如黃金般燦爛，只要吃了它，好運勢就會從體內翻轉出來。（800 日圓）

閻魔大人能保護我嗎？「閻魔內褲」

源覺寺

怒視的閻魔大王是焦點，共有 3 色，還有拳擊手內褲。（1800 日圓）

→P.240

江戶時代以前原本一起？

日本人在遇到困難時，之所以會唸誦「神明佛祖……」是有原因的。
波濤洶湧的時代，讓人民對神佛的信仰心產生動搖的原因……

❶

❷

❶ 在過去曾經位於同一個境內的淺草神社（右）和淺草寺（左）。
❷ 永田町日枝神社至今仍保留神佛習合痕跡的「山王鳥居」。

對於神明和佛祖的情有獨鍾

誠如《日本神話》中的「建國神話」所言，古代人信仰的是神教（神）。在6世紀中葉，佛教從大陸傳入之後，大約花了2百年才逐漸傳播開來。

到了奈良時代，神社境內開始建造寺院（神宮寺），形成以神佛融合為前提的「本地垂迹說」。這是一種把神明視為佛祖臨時化身的觀點。直到明治時期為止，日本人同時信仰著神與佛。

在時代變遷之下，明治新政府頒佈了「神佛分離令」，要求百姓將神明與佛祖分開供奉，進而演變成今日將神佛分開奉拜的文化。

永田町 日枝神社 →P.32　淺草神社 →P.78　淺草寺 →P.66

卷末特輯

社寺體驗

精進料理 246

宿坊 247

坐禪 248

寫佛・抄經 249

社寺體驗

**神社寺院活動豐富，只去參拜太可惜！
來個特別的體驗吧！**

美食
精進料理

用心品嚐食材，感受盤中飧的珍貴

精進料理，也就是所謂的素食，是根據佛教教義烹調的食物，不使用魚或肉，以植物性食材為主。精進料理不使用特殊食材，運用每個季節能獲得的食物，希望藉由品嚐食材原味，來了解食物的本質。

❶ 燉煮菜是三光院的招牌菜，四季供應 ❷ 冠上前和尚之名的煙燻豆腐「香榮豆富」 ❸ 使用添加柚子香的西京味噌製作的茄子田楽「枯木秋風」 ❹ 收尾的米飯、醬菜及焙茶。照片為「大黑的晚餐」（2023 年 10 月的菜色）

在尼姑庵了解當地生活

三光院（さんこういん）

西野奈良江熱衷於推廣女性教育，從山岡家接受土地之後，便創建了這座尼姑庵，現在仍會定期舉辦教室和講演。不使用仿葷素菜或保存食品的精進料理，每一道菜都是現點現做。

達摩市祭DATA

日期 每週二～週日12點～（每個月第3個週三，第4個週五公休）
費用 5800日圓（七菜一湯，三光院流特別茶）
預約 需提前3個月～前1天預約
菜色 由姬宮（皇家女性成員）和出身於公家的尼僧傳承下來，歷史超過600多年的料理。（五菜一湯 3500日圓，六菜一湯 4600日圓）

◆創建：昭和9年（1934） ◆本尊：釋迦牟尼佛 ◆參拜所需時間：20分鐘

小金井市 TEL 042-381-1116
小金井市本町 3-1-36 ／ 11:00 ～ 15:00 ／境內自由參觀／ JR 中央線武藏小金井站， 步行 15 分鐘／無休／ 3 台

住宿

宿坊

只要住上一晚，
就能發現寺院魅力

為了讓千里迢迢來此參拜的人能借宿一宿，或供僧侶住宿而發展起來的「宿坊」，在江戶時代因為「講」的盛行（P. 6）而大肆發展。今日全國各地依舊有不少宿坊接待參拜者，有些宿坊還可購買便當。有意在東京體驗的人，不妨選擇武藏御嶽神社的宿坊。宿坊還提供了限住宿者參加的早課，有興趣的人可參加體驗。

俯瞰關東地區的天空神社

武藏御嶽神社 →P.118

海拔 929m 的御岳山，自古就是深得信仰的靈山。境內位於山中的武藏御嶽神社祀奉日本武尊，一直守護著關東平原。從境內還能欣賞到大都市的絕景。

推薦宿坊②選

御岳山荘

從江戶時代就一直經營至今的宿坊。以家庭口味的餐點為傲，能讓人在這非日常的空間裡放鬆。

TEL 0428-78-8474
青梅市御岳山123／IN 15:00；OUT 10:00／1泊二食，1萬3500日圓起／需預約

御岳山 天空の宿坊 能保利

已有 150 年以上歷史的宿坊，相當珍惜昔日的豐饒。可以感受大自然的美好。

TEL 0428-78-8443
青梅市御岳山123／IN 15:00；OUT 10:00／1泊二食，1萬3200日圓起／需預約

靜坐

坐禪

面對自己內在的寧靜時光

採取端正坐姿集中精神，是禪宗修行的一種方法。越來越多的寺院為一般參拜者開設坐禪體驗活動，也有不少人將其視為「修養心靈的修行」而定期參加。

坐禪基本姿勢，是將右腳放在左腿上的「半跏趺坐」。若這姿勢不容易做到，盤腿坐也行。坐好之後，手掌朝上放在腳上，讓心情平靜下來。重點在於收下巴，頭不要左右搖晃。

擁有兩間茶室的
松平家菩提寺

香林院（こうりんいん）

有 4 座寺院聚集一處的佛寺，只要穿過第 1 個山門，往左前進即是。目前擁有 2 個茶室的境內，是一個會令人忘記置身在都市之中的寂靜空間。

坐禪 DATA

日期 7:00～8:00（週日 17:00～18:00）
※請在開始的10分鐘前入室。嚴禁遲到

費用 免費

預約 無須預約 ※10人需先洽詢

內容 坐禪解說、坐禪、說道

◆創建：寬文5年（1934）◆本尊：釋迦牟尼佛 ◆參拜所需時間：20分鐘

澀谷區 TEL 非公開

澀谷區廣尾5-1-21／境內自由參觀／東京地下鐵日比谷線廣尾站，步行3分鐘／無休／P無

部分不可

曾出現在名作之中
江戶庶民喜愛的寺院

林泉寺（りんせんじ）

以「門戶寬，門檻低，包容深」為教誨的寺院。境內有座「受縛地藏尊」，據說避免盜竊、驅逐厄運等功德利益，曾出現在《錢形平次》等小說之中。

坐禪 DATA

日期 首次參加，週三18:30～21:00

費用 每次500日圓（隨意）

預約 最晚前1天預約

內容 包括坐禪說明、坐禪、說道。第1次接受指導的人亦可在週一6:00～8:00，週三19:00～21:00參加。

◆創建：慶長7年（1602）◆本尊：釋迦如來◆參拜所需時間：20分鐘

文京區 TEL 03-3943-0605

文京區小日向4-7-2／境內自由參觀／東京地下鐵丸之內線茗荷谷站，步行1分鐘／無休／P無

部分不可

描繪 寫佛

沒有繪畫天賦也沒關係 描邊畫佛像

「抄經」是逐字抄寫經文，「寫佛」則是將本尊的模樣描繪下來。最近提供相關體驗的寺院越來越多。只要慢慢描繪，不管是誰，都可將美麗佛像繪於紙上。有些寺院提供更豐富的選擇，讓參拜著能從多尊佛像中，挑選想要摹繪的。

近代風格的寺院
祈求姻緣和消災

佛願寺（ぶつがんじ） 東京別院

位於辦公區，離車站近，提供水子供養、工作愛情等人生諮詢服務的寺院。寫佛有 10 種類型。花上 20 ～ 30 分鐘，耐心將佛祖描繪下來吧！

寫佛 DATA

日期 隨時
費用 1卷1500日圓
預約 完全預約制
內容 從10種佛像、菩薩像中擇一，放上和紙之後，提筆描繪

◆創建：不明◆本尊：阿彌陀如來 十一面觀音◆參拜所需時間：20分鐘

港區 TEL 03-5797-7288
港區赤坂2-9-1／8:30～19:30／境內自由參觀／東京地下鐵銀座線池山王站，步行2分鐘／無休／P無

書寫 抄經

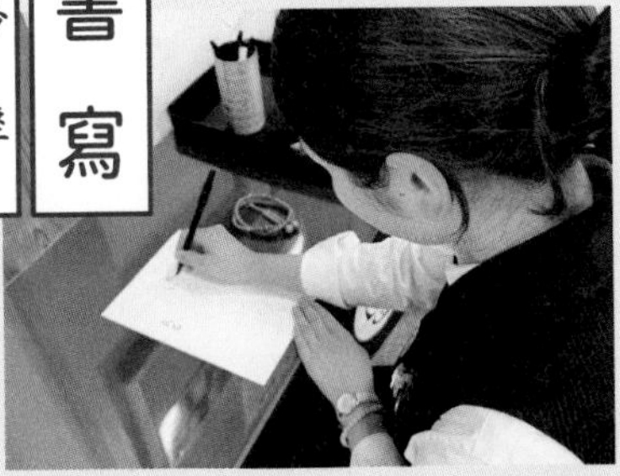

抄寫佛祖教誨 洗滌整頓心靈

從前僧侶為了學習教義，因而開始抄寫經典為起源。現在不管是誰都能抄經，不少寺院還會在境內的佛堂裡，舉辦寫經會。不過抄寫的經文有長有短，可以事先調查過後再前訪。

在東京鐵塔下靜心抄經

增上寺（ぞうじょうじ）

→P.100

鄰近東京鐵塔，與德川家因緣匪淺的增上寺，所舉辦的「一筆寫經」。可邀請親朋好友，一同坐在長桌前抄經（禁止私語）。完成抄經的人，還可得到限定的御朱印。

抄經 DATA

日期 9:00～17:00隨時
費用 500日圓
預約 不需
內容 在安國殿抄寫南無阿彌陀佛，結束後會授予「南無阿彌陀佛」御朱印，以作為納經證明。

※ 黃底標示，請參考 P253〔注 47〕

P.006

注 1. **町人**，日本江戶時代一種社會階層，主要是商人，部分為工匠及從事工業的人。在江戶幕府的士農工商身分制度下是最低的兩級，但憑著商業買賣，以及獨有的工作技能，部份町人的財力高於武士階層的大名。

注 2. **淺間神社**，是日本神道教的神社之一，以崇拜火山神為主，特別是富士山。 日本全國約有1300座淺間神社，主要集中在靜岡縣和山梨縣，其次是關東地區和愛知縣。

P.007

注 3. **三社祭**，是淺草神社的一年一度祭典，於每年5月第3週的週五至週日舉辦。其特色在於，祭典期間第2日和第3日的神轎出巡。

P.019

注 4. **鬼門**，是家或城郭的東北方（艮，丑和寅之間）。鬼門相對的西南方（坤），稱作裏鬼門；在日本自古以來此方位被視為是鬼怪出入的門戶，因此被認為是不祥的方位。

P.022

注 5. **權現造**，又名石間造，是日本神社建築樣式之一。此類建築多取自佛寺建築之形式，以單純為其特色之社殿，於本殿與拜殿兩建築間，以「石間」（鋪石塊之處）連接，具有工字形平面之複雜造型。

注 6. **歇山頂**，為東亞常見的屋頂形式之一，在日本稱為入母屋造。為四坡式的屋頂結合兩面山牆，前後有完整且較大的斜坡，但左右只有部分較小斜坡，上段設三角形山牆。相當於上半部分為山頂或硬山頂的樣式，而下半部分則為廡殿頂的樣式。

注 7. **宇迦之御魂神**（ウカノミタマノカミ），是日本神話裡掌管食物的神祇。伏見稻荷大社（位於京都市伏見區）的主祭神，別名「御饌津神（ミケツノカミ）」與狐狸古日語發音「けつ」有關，因此狐狸自古便被視為稻荷神（食物神的總稱）的使者。

P.024

注 8. **氏神**，乃是日本居住於同一聚落、地域的居民共同祭祀的神道神祇，共同信仰此神明的信徒稱為氏子。近代大多將鎮守神、產土神等視為同義詞，而祭祀氏神的處所則稱作氏社。

P.025

注 9. 江戶藩邸依據其距離江戶城的遠近及功能不同，分為上屋敷、中屋敷和下屋敷等區別。上屋敷主要供藩主及其妻子等使用；中屋敷主要供隱居的藩主或繼承人使用；下屋敷則主要建在水邊，作為從本國運來貨物的倉庫。

P.027

注10. **老中**，是江戶幕府中統轄政務的最高職位，職位大致和鎌倉幕府的「連署」、室町幕府的「管領」相當。

P.029

注11. **町火消**，是從第8代將軍德川吉宗時代開始的火消，大多是由體能高強的鳶職組成，也就是建築行業相關的職人。

注12. **伊呂波四八組**（いろは四十八組），江戶時代的消防制度裡，曾經創立47組的「伊呂波組」（いろは組）的町人消防分隊，其後又增加了一組。

P.030

注13. **神明造**，是以伊勢神宮為代表的一種神社建築風格，與以出雲大社為代表的大社造、以住吉大社為代表的住吉造，被視為日本最古老的神社建築風格。明治維新以前，神明造只被使用於神宮領地內的相關神社，後來在明治政府的鼓勵下，神明造之型式的建築擴散到日本各地，其中伊勢神宮中的建築也被特別譽為「唯一神明造」。

P.033

注14. **初宮詣**，意指當嬰兒出生滿月後，需前往神社參拜，向神明報告新生兒的誕生，並祈求其健康成長。

P.034

注15. **攝末社**，指在神社的本社之外，受到該神社管理的小型神社。「攝社」是供奉與本社主祭神有深厚關係的其他神明的神社；「末社」則是祭祀著從其他神社迎請而來、與主祭神並無深厚關係的其他神明。其等級是依本社、攝社、末社的順序，由上至下排列。

P.035

注16. **破風板**，也稱為博風板，是日本傳統建築物的一種建築外觀設計形式。

P.041

注17. 「**上社**」與「**下社**」，神社中經常看到分為上社和下社，或上宮和下宮等兩個神社的「二社制」。此外，也有分為上社、中社和下社的「三社制」。通常上社和下社是依據其位置來命名；位於高處的稱為上社，位於低地的則稱為下社。

注18. 日本曆法上，有所謂的「**一粒万倍日**（いちりゅうまんばいび）」，其寓意為「一粒稻穀長成一株茂實且稻穀累累的稻穗」，適合開始任何事情的吉日。每個月會有4～7天是「一粒萬倍日」。

P.045

注19. **春日局**（1579～1643），本名齋藤福，是江戶幕府三代將軍德川家光的乳母，奉命前往皇宮覲見後水尾天皇，得到天皇賜號「春日局」。她一手組建「大奧」，為幕府第三代將軍德川家光傳承血脈。

P.064

注20. **《東海道中膝栗毛》**別名《道中膝栗毛》， 1802年～1814年初刷，十返舍一九的滑稽本。「栗毛」是栗色的馬，「膝栗毛」是用自己的膝蓋代替馬，即徒步旅行之意。內容描述江戶神田八丁堀（今東京都中央區八丁堀）的住人彌次郎兵衛和食客喜多八，經由東海道在前往伊勢神宮、京都、大坂旅途中發生的滑稽笑談。

P.066

注21. **山號**，是指佛教寺院的稱號。例如「金龍山淺草寺」、「東叡山寬永寺」、「三緣山增上寺」等。

P.069

注22. **寬永通寶**，是日本江戶時代的銅錢，鑄行於1626年～1868年間。銅製和黃銅製的寬永通寶使用到1953年，是日本歷史上鑄量最大、鑄期最長、版本最多的一種錢幣。

P.070

注23. **緣日**，在日本文化中，指的是與神佛結下某種因緣，成為神佛有緣人的日子，通常指神佛誕生、降臨、示現、誓願的節日。 神社寺院會在這天進行祭祀及奉養儀式，吸引信眾前往參拜，其周邊也會出現許多路邊攤。

P.075

注24. **五街道**，意指以江戶為起點的東海道、日光街道、奧州街道、中山道、甲州街道，這五條陸上交通要道。

P.076

注25. **御開帳**，是指在寺院特定的日子裡，公開供奉在廚子（佛像櫃）中的秘佛，供人們參拜。特別是將主佛像等借給其他寺院，並公開展示，稱為「出開帳」。

P.077

注26. **役行者**，是日本修驗道始祖，飛鳥時代～奈良時代的知名咒術師，世稱「役小角」，又稱「神變大菩薩」。平安時代，由於山嶽信仰的興盛，朝廷追贈「行者」尊稱給他，之後才通稱「役行者」。

所謂「修驗道」即為利用苦行鍛鍊自我的一種修行方式，在山林之間苦練修行，藉以獲得神證之力；以在山間修得證菩提，有山嶽佛教之稱。相傳役小角在山野之中艱苦修行，以松葉草蕨為食，修成「孔雀明王法」，並擁有飛行能力。

P.086

注27. **力石**，曾是年輕人用來測試或比拼力量的石頭，通常放置在神社境內等人群聚集的地方。江戶時代～明治時代，人們經常使用力石來進行鍛鍊或作為娛樂。

P.090

注28. **勸進相撲**，相撲的一種形式，也是現今大相撲的源流之一。主要是為了籌措社寺的本堂、山門等建造或修復所需費用，而舉辦的相撲賽事。

注29. **庚申塔**，基於道家信仰中的庚申信仰所建的塔。連續3年舉行18次庚申講後，便能設立紀念碑，即為庚申塔。

P.100

注30. **敕願寺**，是天皇、上皇發願祈願國家鎮護、皇室繁榮等而創建的祈願寺，屬於寺格。

P.130

注31. **江戶三森**，是指太田道灌所指定，社名中帶有「森」字的三座神社之總稱。這三座神社分別是烏森神社、椙森神社和柳森神社。

P.146

注32. **札所**，是指參拜者奉納或領取符籙作為參拜標記的地方。

注33. **奉納相撲**，是指祭禮時為了奉獻給神佛，而在神社或寺廟的境內舉行的相撲比賽。

P.159

注34. **倚像**，坐像的一種。端身正坐在椅子上，雙足自然垂下並置於地上。

P.160

注35. **狗牙上出面**，是指狗牙上出現的面容乍看之下似乎可怕，但其實是用來鼓勵行為純正的眾生，並勸導他們修習佛道的表情，實際上是一種微笑的面相。

P.163

注36. **現世利益**，意指信仰的結果在現世能夠得到佛陀的恩惠和幸福。

P.168

注37. **別當寺**，是日本神佛習合思想下，附屬在神社的佛教寺院或佛堂。也稱作神宮寺、神護寺、宮寺。

P.172

注38. **法雨**，形容佛陀的教法能滋潤眾生的菩提道業，就像雨能滋潤草木。

P.225

注39. **狭山茶**，有日本三大銘茶美譽之稱，產地位於琦玉縣入間地區一帶，從當地流傳一句「靜岡是色，宇治是香，狭山是味」的採茶歌謠，更能顯出歷史悠久的狭山茶，在日本人心中有著舉足輕重的地位。

注40. **茶席**，泛指習茶、飲茶的桌席、場所，是一個以茶為主角，展現出有主題的藝術形式。

注41. **嘉祥日**，為每年的6月16日，據說始於嘉祥元年（848）仁明天皇根據神諭，獻上16種神供，像是如餅和點心等，以祈求驅除疫病。

注42. **神樂囃子**，是日本傳統音樂形式之一，與神聖的舞蹈「神樂」一同演奏的伴奏音樂。自古以來，神樂囃子在日本各地的祭典或神事中演奏，用來表達對神明的感謝和祈禱之情。

P.230

注43. **《忠臣藏》**，是根據日本江戶時代1701年至1703年期間發生的元祿赤穗事件，所改編之戲劇。

P.234

注44. **纏**，是江戶時代町火消的各組使用的旗幟。

P.238

注45. **山伏**，是指在山中徒步、修行的修驗道之行者，也稱作「修驗者」。

P.241

注46. **年男**、**年女**，指的是出生年分與當前年分的生肖相同的男性與女性。

P.249

注47. **水子**，在日本泛指未能出生的胎兒及早夭新生兒；而祭祀水子的儀式，則多以「水子供養」一詞作為統稱。

開運巡禮！東京社寺

編　　者　朝日新聞出版
譯　　者　何姵儀 Peiyi HO

責任編輯　許世璇 Kylie Hsu
責任行銷　袁筱婷 Sirius Yuan
　　　　　朱韻淑 Vina Ju
封面裝幀　Dinner Illustration
版面構成　譚思敏 Emma Tan
校　　對　鄭世佳 Josephine Cheng

發 行 人　林隆奮 Frank Lin
社　　長　蘇國林 Green Su

總 編 輯　葉怡慧 Carol Yeh
日文主編　許世璇 Kylie Hsu
行銷經理　朱韻淑 Vina Ju
業務處長　吳宗庭 Tim Wu
業務專員　鍾依娟 Irina Chung
業務秘書　陳曉琪 Angel Chen
　　　　　莊皓雯 Gia Chuang

發行公司　悅知文化　精誠資訊股份有限公司
地　　址　105台北市松山區復興北路99號12樓
專　　線　(02) 2719-8811
傳　　真　(02) 2719-7980
網　　址　http : //www.delightpress.com.tw
客服信箱　cs@delightpress.com.tw
I S B N　978-626-7537-32-9
建議售價　新台幣４５０元
首版一刷　２０２４年10月

國家圖書館出版品預行編目資料

開運巡禮！東京社寺／朝日新聞出版編;何姵儀譯.
-- 首版. -- 臺北市：悅知文化 精誠資訊股份有限公司,2024.10
面；公分
ISBN 978-626-7537-32-9 (平裝)
1.CST:旅遊 2.CST:神社 3.CST:寺院 4.CST:日本東京都
731.72609　　　　　　　　　　113014502

建議分類｜旅遊．東京旅遊．神社寺院

悅知文化 Delight Press

線上讀者問卷 TAKE OUR ONLINE READER SURVEY

求對神明才有用，來趟能量滿滿神社參拜之旅！108選

——《開運巡禮！東京社寺》

請拿出手機掃描以下QRcode或輸入以下網址，即可連結讀者問卷。
關於這本書的任何閱讀心得或建議，歡迎與我們分享 ◡̈

https://bit.ly/3ioQ55B

開運！